新編王庭筠年譜

李宗慬◎著

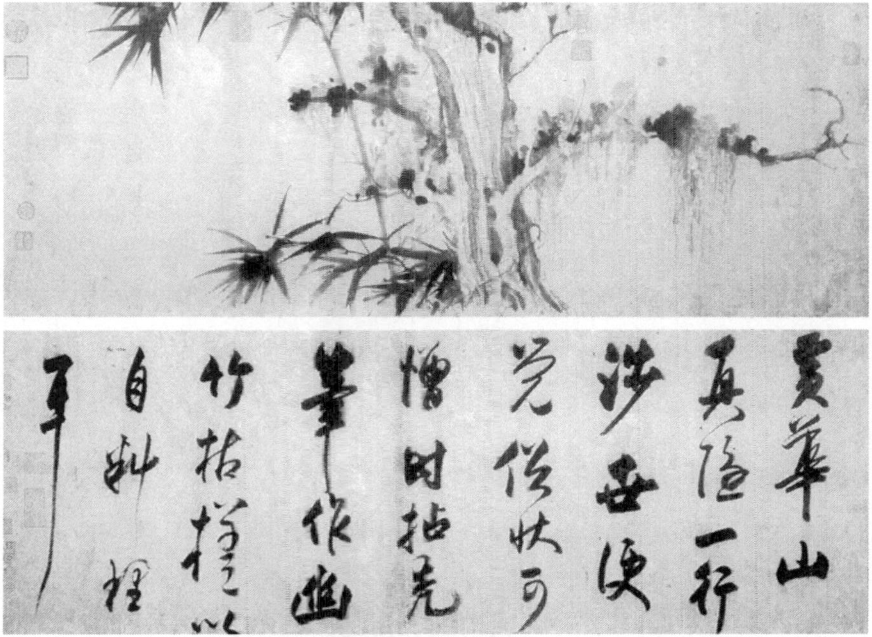

■金王庭筠〈幽竹枯槎圖〉題跋，日本藤井有鄰美術館藏。

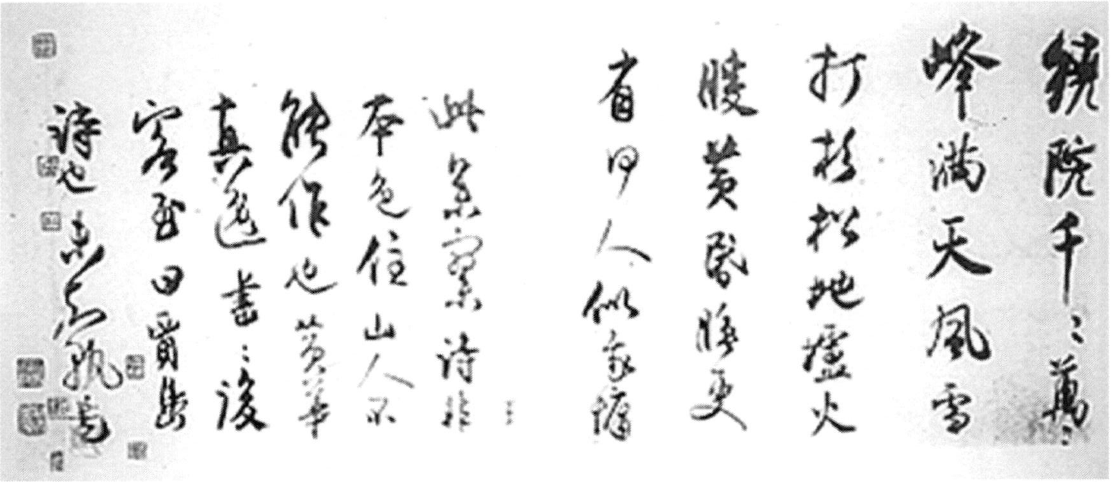

■金李山〈風雪杉松圖〉王庭筠題跋，美國弗瑞爾美術館藏。

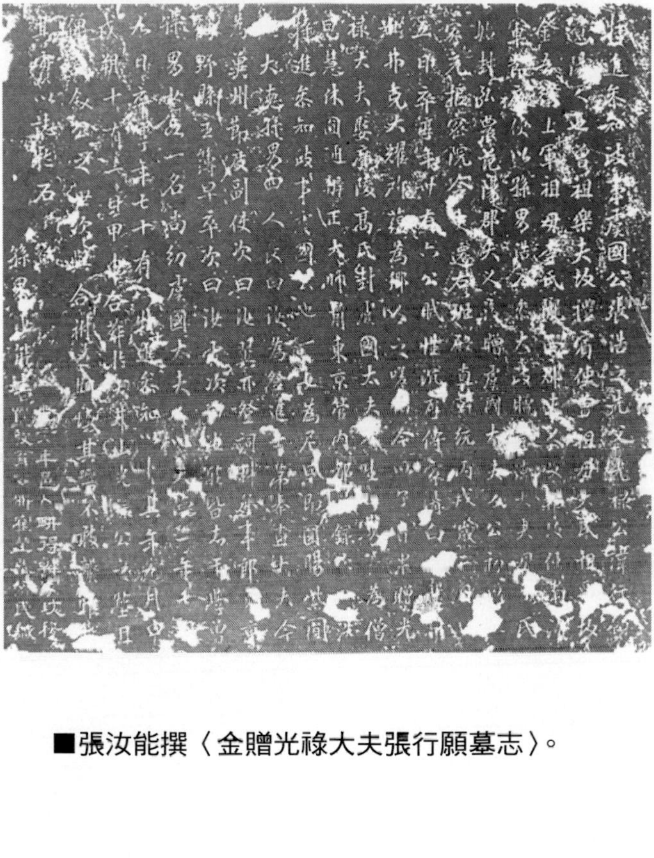

■張汝能撰〈金贈光祿大夫張行願墓志〉。

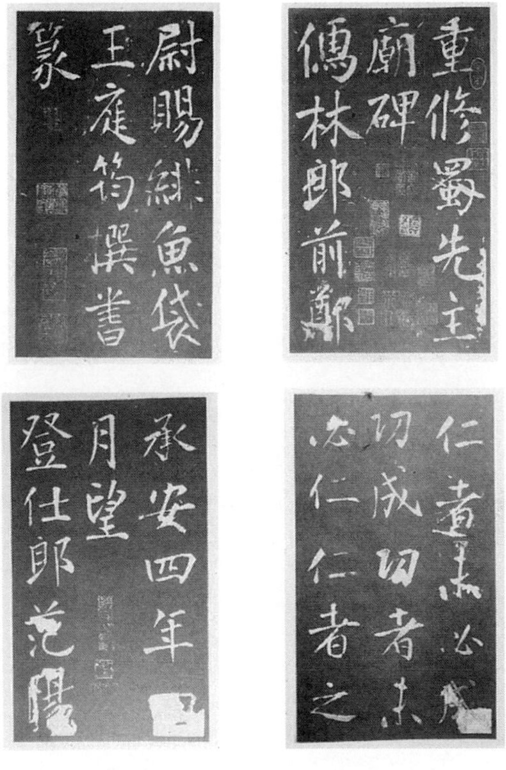

■王庭筠書〈涿州蜀先主廟碑〉刻石，上海博物館藏金拓本。

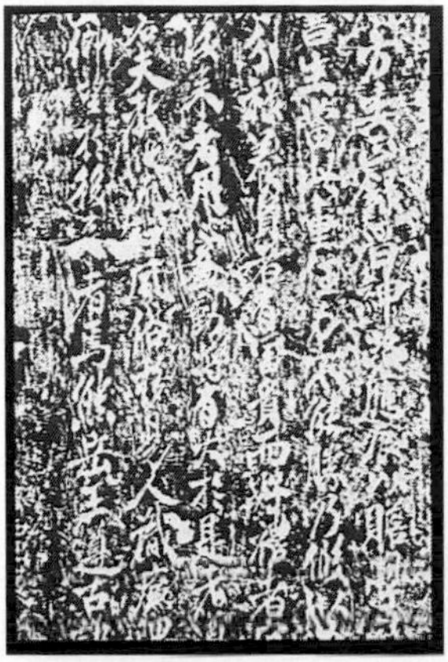

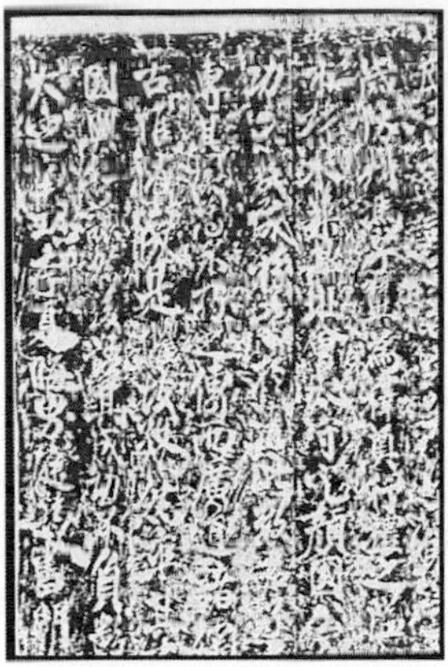

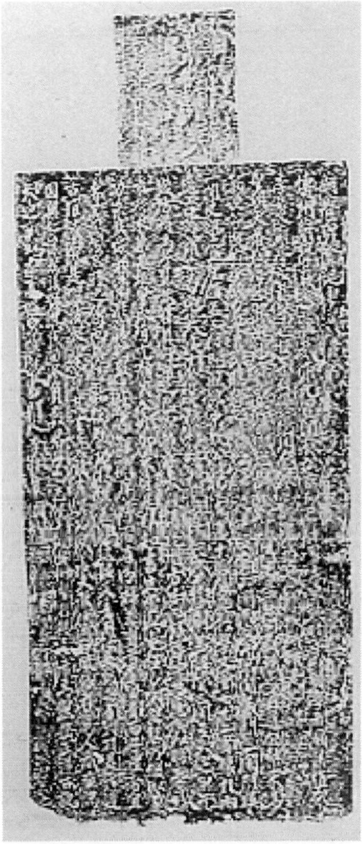

■王遵古撰文王庭筠書〈博州廟學記碑陰〉刻石拓本，藏北京圖書館。

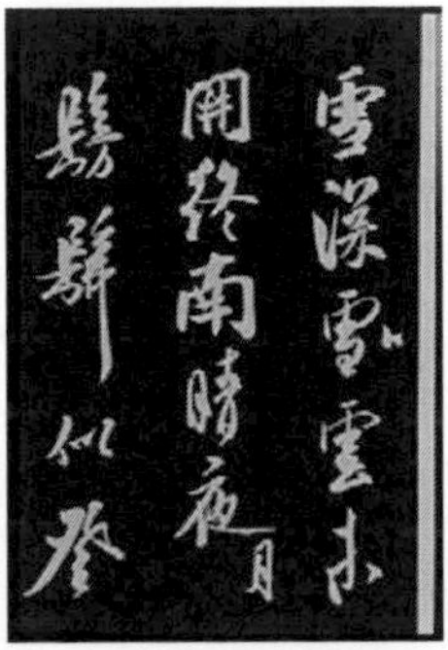

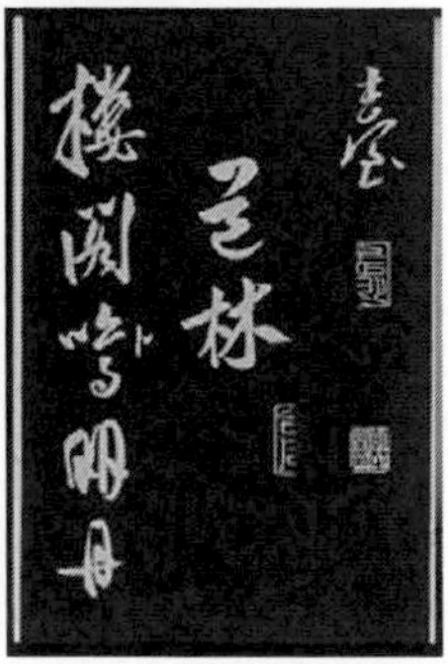

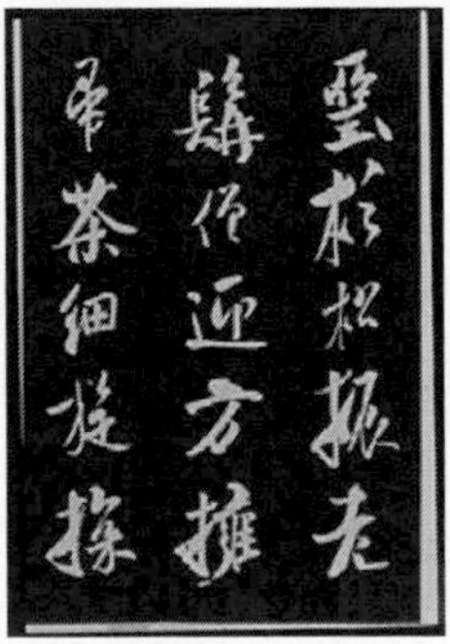

■《三希堂法帖》王庭筠書〈法華台〉、〈道林〉。

■黃華老人詩〈掛鏡台〉刻石，河南林州市黃華山。

■黃華山覺仁寺傾圮時雪景。

■黃華山慈明寺舊傳王庭筠隱居讀書處，1990 年重建，殿前碑即王氏〈青竹杖〉詩刻石。

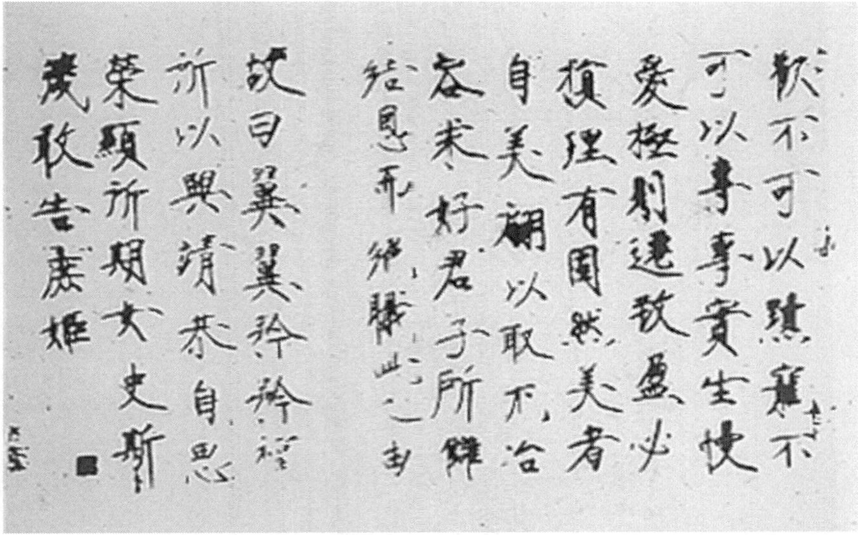

■金章宗書傳顧愷之畫〈女史箴〉，現藏大英博物館。

目錄

前言

王庭筠（一一五一——一二〇二年）是十二世紀下半期中國北方在金人統治下一位極重要的文人書畫家，他留下少量的書法、繪畫[一]和詩文[二]作品，已足以

一 〈幽竹枯槎圖〉與題跋在日本京都有鄰館，紙本墨卷，縱三十八公分，橫六九七公分，見《有鄰館精華》圖八十二，一九九六年四版。美國弗瑞爾美術館藏李山〈風雪杉松圖〉有庭筠題跋，見《故宮季刊》十四卷四期，一九八〇年，十九—四〇頁，李宗慬〈讀金李山風雪杉松圖札記〉。米芾〈研山銘〉後題跋，見〈玉虹鑑真帖〉。〈研山銘〉雖被普遍接受為米芾作，傳庭筠跋文卻有爭議。〈法華台〉、〈道林〉行書絕句二首，見《三希堂法帖》卷十七。王連起〈三希堂法帖簡說〉以「此二帖完全是米芾早年書，所以專家學者考證此為米書的誤定。」未為定論。

〈涿州蜀先主廟碑〉上海博物館藏金拓本，行書。文物出版社一九八〇年初版。〈博州廟學記碑陰〉，原在山東聊城，今據山東省博物館二〇〇〇年來函未見此碑。見《北京

讓我們看到他在藝術與文學上傑出的造詣。從他的文學作品中，也可以看到他的藝術觀[三]和仁政思想[四]。

他出身世家，自小聰慧好學，二十六歲中進士後，任恩州軍事判官，計獲謀為不軌的郡民鄒四，開釋無辜受牽連的百姓千餘人。但是在以嚴刑為尚的政治環境下，卻不昇反降，再調館陶主簿，仍困於簿書期會，通檢推排的工作。

二　圖書館藏歷代石刻拓本匯編》卷四十六，一五三頁。金毓黻編《黃華集》卷四按語謂此碑在東昌府學，東昌府今屬聊城。黃華山詩刻在河南林縣與山西汾陽、河北朔平府右玉縣、雲南大理雙塔寺有明代摹刻。本書圖林州黃華山元刻〈挂鏡〉詩碑石為前河南林州博物館副館長張增午先生提供珍貴照片。

三　黃華詩文見金毓黻編《黃華集》，多輯錄自《金文最》、《金文雅》、《中州集》、《全金詩》、《汾州府志》、《河南通志》等，今筆者又於《太原府志》得其〈開化寺詩〉一首。

四　《黃華集》在《遼海叢書》第三冊一八一五頁，遼沈書社，一九八四。〈水調歌頭〉、〈楊秘監下槽馬圖〉，見《黃華集》卷二。〈涿州蜀先主廟碑〉、〈香林館記〉，《黃華集》卷一。

任滿後遂隱於黃華山，自號黃華真隱[五]。

在這段隱逸的生活中，他飽讀詩書，鑽研經史，旁及釋老，讀書黃華山寺。而黃華書院的創立，教學校書，是中州書院之首。他在藝術與文學方面，能自由創作，而又父母雙全，兒女盈膝，是他一生中最快樂的一段時期。他在藝術與文學上的創作與成就，更使他名滿天下，以至於深愛中國文學與藝術的金章宗一再要他加入翰林。明昌二年他就任書畫局都監，為章宗鑑識收藏書畫，分入品者為五百五十卷。他在金代書畫鑑識的權威地位，自不待言。他又摹刻士大夫家藏前賢墨蹟，號為《雪溪堂帖》，可惜早已失傳。至進入翰苑為修撰，撰寫詔誥詞命，或是吟詠枇杷，雖然也像是宮廷詩人的身份，但章宗稱「其人

五　事蹟見《元好問全集》〈王黃華墓碑〉四六九—四七三頁，黃華於大定十三年癸巳冬汾州省親時作詞〈大江東去〉，其中「有夢不到長安，只有歸耕去。」之句，表現了他在二十三歲的青年時期已有歸隱之志。而自號黃華真隱，更與隱逸詩人之宗陶淵明「采菊東籬下」同以菊象徵高潔，且為其自我指涉。

才亦豈易得。」然而僅僅一年，即於承安元年黃華四十六歲時，在內廷與外朝的政治鬥爭暗潮中，因趙秉文上書的牽連受累，被杖解職，身心俱創。冤屈悲抑之餘，思念父母，並私心慶幸老年父母未受株連。這段時期他寫〈獄中賦萱〉、〈被責南歸至中山〉等詩，最能表現他豐富而複雜的感情。明年，降授鄭州防禦判官。一年之中，父母相繼亡故，哀毀逾常，丁憂去職。承安四年，黃華年四十九歲，起復應奉翰林文字，則是「再入承明一病翁」了[六]。泰和元年，復翰林修撰，扈從秋山，應制賦詩，仍然頗受章宗敬重，然而生活困窘，體弱多病。明年卒於京師，春秋五十有二。

黃華中年以後，三子萬安、萬孫、萬吉先後早逝，乃以弟庭掞之子萬慶為嗣，書畫人品能繼其家聲。而黃華的三個女兒都未婚配[七]。長女從淨，幼為女

六　路鐸〈王子端挽辭〉：「才名如此不償窮，再入承明一病翁。」

七　黃華〈五松亭記〉有云：「加我數年，婚嫁事畢，歸作亭之主人。」可以看出他對於兒

官，次曰琳秀，入侍掖庭，季女幼在室。黃華歿後，章宗以從淨能詩召見，特加敬異。又知黃華家無餘財，無以為葬，詔賻錢八十萬，以給喪事。並求其生平詩文，藏之祕閣。黃華有文集四十卷，《藂辨》十卷，殆皆散亡於金末衰亂之世[八]。近世遼陽金毓黻編王氏《黃華集》，收錄其文章詩詞，並編撰〈年譜〉。

女成家的企盼。〈金史文藝傳〉云：「子曼慶亦能詩並書，仕至行省右司郎中，自號澹游云。」本〈年譜〉作「萬慶」，是根據元好問作〈王黃華墓碑〉，文中說明是應萬慶要求而作，自應作「萬慶」為是。

八　元人蘇天爵說：「金儒士蔡珪、鄭子聃、翟永固、趙可、王庭筠、趙熊等，皆有文集行世，兵後往往不存。」見〈三史質疑〉《滋溪文稿》卷二十五。

清李有棠《金史紀事本末》卷三十九〈元人克燕〉宣宗貞佑三年五月「中都破，右丞相兼都元帥承暉死之。」引邵遠平《元史類稿》：「燕京破，石抹明安入城，焚宮室，火月餘不滅，蓋圍三年矣。」黃華之生平詩文，既應章宗要求，藏之秘閣，當亦毀於焚燒月餘的大火中。

傅申〈女藏家皇姊大長公主—元代皇室書畫收藏史略〉〈故宮季刊〉十三卷一期：「元太

今重編年譜，除了註釋較詳，於黃華先生出仕與歸隱之時間與緣由，另有商榷重訂。且於其館陶任上曾否受賄，更加辨正。

金代以女真族入主中國，雖從漢人學得專制帝王的政治制度，但遠不如北宋之尊重文臣，對臣屬忌刻少恩，濫施重刑，尤以貪黷罪刑罰為重。台諫之弊，又或淪為政治鬥爭打擊異己之工具。本年譜既以黃華被誣為受賄，故於其時代政治中特別注意貪黷與司法二方面。又黃華之受趙秉文上書連累，其根本原因是章宗朝宗室大臣完顏守貞與李妃、胥持國黨內廷勢力相衝突之結果。故新編年譜於此著墨較多。

年譜既為以個人編年傳記為主題導向之歷史研究，所以是分析的歷史，而不是全面敘述的歷史紀錄。史料的採擇，除以譜主個人及其親友相關資料為

宗八年（一二三六年）始用耶律楚材之言，立經籍所於山西平陽，編集經史，滅金時（一二三四年）並未有計畫地接受金內府經籍書畫，即使後來蒙元內府所藏書畫，有 不少是章宗內府舊藏，仍有些是後來轉收而來的。」

主，又特別注重政治對個人的影響。如前述政壇的權力鬥爭，與章宗以帝王之尊憑喜怒施寵辱，對黃華個人命運之影響；以及章宗對漢文學與藝術的愛好，對文化環境，文壇與藝壇之影響等。

年鑑學派大師 Fernand Braudel（一九〇二—一九五五）有環境決定論的主張。他曾說過：「當我慮及個人時，我總傾向於視他為一個被命運決定而又只有極微小力量去改變的人。」[九]

《金史》〈刑志〉說金廷「待宗室少恩，待大夫士少禮，終金之代，忍恥以就功名，雖一時名士，有所不免，至於避辱遠引，罕聞其人。」黃華夙有隱逸之志，但在君主的權威之下，卻沒有隱居的自由。然而他個人在藝術與文學上不朽的成就，終於讓他超越了時代的限制。

九　彼得柏克著，江政寬譯《法國史學革命》，年鑑學派 The Annals 一九二八至一九八九，五十三頁。

黃華的人生，雖有諸多不幸，且五十二歲即已辭世，但他認為生命的不朽，生命的最高境界是存在於藝術中的。如〈水調歌頭〉下闋所云：「望蓬山、雲海闊、浩無涯，安期玉舄何處，袖有棗如瓜。一笑那知許事，且看尊前故態，耳熱眼生花，肝肺出芒角，潄墨作枯槎。」成仙既不可得，不如當下創作之自由抒發。而他在〈楊祕監下槽馬圖〉一詩中，更以藝術創作為「透脫向上路」。「向上一路」為佛家禪宗語，是徹底極悟之境[十]。

從〈幽竹枯槎圖〉可證黃華對中國繪畫藝術的貢獻，上承蘇軾文同，下開元代以下文人畫的大宗，自金元明清以來，即極受肯定，但近代反而誤解較多，更多訛傳其受賄而歸隱，令人嘆惋[十一]。此所以重編年譜也。以黃華人品之高潔，

十　《宗論》：「向上一著，千聖不傳」。「向上一著」即「向上一路」。指徹底極悟的境界，要真參實悟才能達到。又因是不可言傳的，所以說是「千聖不傳。」

十一　有關王庭筠的錯誤資料：

一、以庭筠為其嗣子萬慶之子

元夏文彥《圖繪寶鑑》一三六五年作者自序，第四卷九十三頁，以庭筠為萬慶子，以張汝霖墨竹師黃華。台北商務。

二、以庭筠為米芾甥

清聖祖康熙敕撰的《佩文齋書畫譜》引明解縉（一三六九～一四一五年）編〈書學傳授〉云，「庭筠為米芾甥。」

《中國美術全集》〈書法篆刻編4，宋金元書法：宋金尚意書法述略，沈鵬撰述〉一九八五年。

《中國歷代書畫家大觀─宋元》上海人民美術出版社，一九九八，一一六頁。

《中國全史》〈宋遼金夏藝術史〉天琪、周岩著，人民出版社，一九九四，北京。第一二九頁。

《山東通志》九，古蹟。

《全金詩》五十一，引〈春雨雜述〉。

《中國美術家人名辭典》俞劍華主編。上海人民美術出版社一九六三年初版，一九八五年再版，九五頁。

《中國繪畫史》高居翰 James Cahill 著，李渝譯，雄獅美術。一九八二年作者序，八一頁。

三、以庭筠受賄辭官故歸隱。

《書道全集》十一卷，九二—九四頁，外山軍治解說：「王庭筠，金國藝苑唯一大家，以書畫高手見知於時，……大定廿年，三十歲退官，原來他在館陶任內犯了貪贓罪，是其動機，自是十餘年於失意中的勤學，對他的教養影響極大。」庭筠於大定廿三年任滿辭官歸隱，受賄之說是御史台為阻止庭筠入館閣所提出的。章宗且云：「聞文士多妒庭筠者，不論其文，顧以行止為訾，大抵讀書人多口頰，或相黨。」見譜文辨正。外山軍治認為庭筠隱居期間是在「失意中的勤學」，更是在錯誤的論定中作錯誤的推想。

金毓黻編〈王氏年譜〉，引《金史》本傳，認為庭筠辭官歸隱是犯贓罪，而以元撰〈墓碑〉所云「秩甫滿，單車徑去。」是「為賢者諱。」應是誤擇史料，厚誣古人。

《全金詩》第二冊五十六卷二一三頁「王庭筠……以贓罪去官。」

四、關於庭筠與任詢的師生關係

《中國美術家人名辭典》俞劍華主編。九五頁「王庭筠……畫師任詢。」一八五頁任詢「山水師王庭筠。」

不應因胥持國黨以司諫打壓異己，誣指曾犯贓罪，而使黃華蒙冤八百年。

年譜是以編年體寫傳記，扣緊個人生命與時代脈動。故本年譜除譜主個人及其家族親友事蹟外，兼及當時的政治、社會與文化環境。故以時代事蹟為先，以明體排字，次列譜主個人與親族資料，以楷書排字，再次則為注釋，以明體排字。注釋列出該項資料出處並補充綜合資料，或討論或考證等。

本年譜以元脫脫編《金史》為主要歷史資料。金人自太宗天會六年（一一二八年）即詔求祖宗遺事，以備國史，後又設國史院，纂修各朝實錄，直至金末。金亡前後，民間野史如元好問《壬辰雜編》、《中州集》，劉祁《歸潛志》、王鶚《金史》之作，多為元人修金史之重要資料。元世祖且採納王鶚建言，「寧

《中國繪畫通史》王伯敏，東大圖書公司，一九九七年初版，五五二—五五三頁，「庭筠是任詢的學生。」

五、明王世貞題〈李山風雪杉松圖〉後，跋文稱李山與黃華皆宋名家子，而仕於金，是其所題應覺汗顏云云，王氏未能深考黃華家世，竟妄加論斷批評。

可亡人之國，不可亡人之史。」修撰宋、遼、金史。至順帝至正三年（一三四三年），右丞相脫脫等再奏請修三史，《金史》遂完成於至正四年，而為我國史書中上乘之作[十二]。

金代據有北方中國一百二十年。十世紀初生女真完顏部首領函普建立部落聯盟，後世追尊為始祖。至景祖烏古乃以鐵製兵器，兵勢大振。獻祖綏可始定居於會寧府，後稱上京，在按出虎水之側。「按出虎」即漢人語『金』。金人漸由漁獵轉為墾殖生活[十三]。至太祖阿骨打建國，立號收國元年（西元一一一五

十二 清趙翼《廿二史箚記》卷二十七。第三七二頁〈金史〉。台北世界書局，一九七三第八版。瞿林東《中國史學史綱》北京出版社一九九九年。陳學霖《金宋史論叢》〈元好問《壬辰雜編》與《金史》〉、〈劉祁《歸潛志》與《金史》〉，香港中文大學出版社，二〇〇三年。

十三 金之初興與立國，見《金史》卷一。又《遼宋金時期民族史》，楊保隆等著。四川民族出版社，一九九六年。

年），力圖滅遼侵宋。天輔五年（一一二一年）即下詔「若克中京，所得禮樂儀仗圖書文籍，並先次津發赴闕。」金太宗天會三年（一一二五年），遼亡。金人大舉南侵，宋徽宗禪位於欽宗。太宗天會四年（欽宗靖康元年，一一二六年）汴京城破，除了大肆掠奪殺戮，金人也索監書藏經、蘇黃文、及古文書籍、資治通鑑等書。徽欽二帝被擄，北宋亡。康王構即位於南京。建炎元年（一一二七年），始為南宋。

金滅北宋之初，即圖強勢同化漢人。太宗天會七年（一一二九年），熙宗天眷二年（一一三九年），均禁民漢服，下令髠髮，漢人反抗激烈[十四]。

十四 何俊哲、張達昌、于國石《金朝史》第十一章〈海陵鞏固政權諸措施和統治中心的南移〉中國社科院出版，一九九二年。

宋李心傳《建炎以來繫年要錄》卷二十八、卷一二九多有記載。

三上次男《金史研究》第三篇〈金朝における漢人支配の諸形態〉，第十〈金朝における漢人の改俗問題について〉三七〇—四〇一頁。中央公論美術出版，一九七三年。

金太宗立十二年薨，宋徽宗亦卒。金熙宗立，在政府機制與文化藝術方面逐漸漢化。皇統元年親祀孔廟，又說「太平之世，崇尚文物，自古致治，皆由是也。」一定下了金代的文化政策，雖由馬上得天下，不於馬上治天下也。

皇統九年（一一四九年）海陵王亮弒熙宗自立，改元天德。這個異族入主的征服王朝於天德二年始下詔「河南民衣冠許從其便。」海陵為鞏固政權大殺宗室大臣，並傾國力南侵，意圖統一中國十五。

十五　宋德金〈金代女真的漢化、封建化、與漢族士人的歷史作用〉《宋遼金史論叢》第二冊，中華書局，北京，一九九一年。海陵事蹟見《金史》卷五〈海陵本紀〉。又卷一〇六〈賈益謙傳〉說大定卅餘年禁近能暴海陵之惡者，輒得美仕，故史官多附會。世宗自立於遼陽，即列舉海陵無道、荒淫、暴虐諸事。海陵曾召世宗昭德皇后，后於抵中都前自殺，世宗憾恨，終生不再立后，故世宗朝或有鼓勵醜化海陵之事。但金末劉祁《歸潛志》〈辨亡篇〉云：「海陵庶人雖淫暴自強，然英銳有大志，所定官制律令皆有可觀，又擢用人才，將混一天下，功雖不成，其

金人漢化日深，到了世宗朝乃一再提倡保存女真舊俗。大定廿七年，甚至下詔禁止女真人改稱漢姓，學南人衣裝。金人不僅在社會風俗方面漢化，在政府體制法律條文，和人才選拔方面，也都極力漢化。到了章宗，史稱其不止要比迹遼宋，還要上追漢唐。有關金代文化，《金史》〈文藝傳〉有相當簡要而中肯的說明：「金初本無文字，後得遼人用之，及伐宋，取汴京圖書，而宋士多歸之，於是乃崇儒學。到了世宗章宗之時，儒風丕變，庠序日盛，士由科第位至宰輔者接踵。」所以說「金用武得國，無以異於遼。而一代製作能自樹立唐宋之間，有非遼世所及，以文而不以武也。」

金代雖為異族入主中國，卻在北方中國繼承北宋藝文方面的優秀傳統。清趙翼《廿二史箚記》卷廿八有〈金代文物遠勝遼元〉一節。金代君臣上下，士夫庶民多有熱愛繪畫藝術者，如金初文人吳激〈蘇黃帖跋〉：「蘇黃翰墨，片言

強至矣。」應是公平的說法。

隻字，皆未名之寶。」但金代傳至今日的具名之作不多。除黃華〈幽竹枯槎圖〉外，僅李山〈風雪杉松圖〉武元直〈赤壁圖〉、張瑀〈文姬歸漢圖〉、宮素然〈明妃出塞圖〉、楊徽〈二駿圖〉、趙霖〈昭陵六駿圖〉、張珪〈神龜圖〉數種而已[十六]。雖然不多，但多為傑作，而其中只有黃華先生較有文學作品傳世。即使黃華所作大多已佚，倖存作品仍為研究金代藝術的重要資料。據中國社會科學出版社譯並出版之《劍橋大學宋遼西夏金元史》漢學家傅海波編金代部分，竟說「金代繪畫和書法，我們實在不敢恭維。」像這樣的誤解，也是我們要致力於金代繪畫研究的重要原因[十七]，故重編王庭筠年譜，以期求真去偽，作更深入的探討。

十六　《中國繪畫全集》卷三〈五代宋遼金〉，浙江人民美術出版社，六三—八一頁。

十七　德人傅海波、英人崔瑞德編《劍橋中國遼西夏金元史》北京中國社會科學出版社譯並出版，一九九四年。

年譜

金海陵王天德三年辛未（西元一一五一年）一歲[一]

庭筠字子端，號黃華，遼陽熊岳人[二]。生未及週歲，視書識十七字[三]。

一 金毓黻輯錄王庭筠之散文詩詞，與家集、記事、題識、雜記等為《黃華集》。並編列〈年譜〉，且據元好問撰〈王黃華墓碑〉以黃華卒年為五十二歲，故推知其生年為天德三年。元脫脫等修《金史》，卷一二六〈文藝下王庭筠傳〉則以庭筠卒年為四十七歲，當以元氏撰〈墓碑〉為是。因元氏所撰《遺山集》卷十六〈王黃華墓碑〉是應黃華嗣子萬慶所託而作，稱黃華逝於泰和二年十月十日，春秋五十有二，則其生年即天德三年。

二 黃華即黃華山，因山中秋日多黃菊花而得名，在河南省西北今林州市西十公里的林慮山中，屬太行山系。庭筠因隱居山中而自號「黃華真逸」或「黃華山真隱」。庭筠祖父王政在《金史》〈循吏傳〉中，作「辰州熊岳人」，〈文藝傳〉王庭筠本傳則作

父遵古為正隆五年進士（一一六〇年），仕至中大夫翰林學士[四]。王氏

「河東人」。〈墓碑〉以「家牒載：其三十二代祖烈太原祁人，避漢末之亂，徙居遼東。」范曄《後漢書》〈王烈傳〉同。辰州在金章宗明昌四年改稱蓋州，即今遼寧省蓋縣，熊岳鎮在縣西南。金毓黻編《黃華集》卷五頁三按語謂「王遵古曾任汾州觀察判官，庭筠隨父任而往，然不可遽謂為河東人。」然而《金史》〈文藝傳〉以庭筠為河東人，當是因其祖籍為太原祁人，並非因王遵古嘗宦遊汾州之故。唐朝稱太原為河東。

《金史》卷一二六王氏本傳與元撰〈墓碑〉同。

《金史》卷一二八〈循吏傳〉王政本傳、元撰〈黃華墓碑〉、《渤海國志長編》〈墓碑〉云：「遵古字元仲，正隆五年進士，仕為中大夫翰林直學士，文行兼備，潛心伊洛之學，言論皆可記述。明昌應詔，有『昔人君子』之目。子孫以『昔人』名所居之山，而『君子』名其泉，所為志也。」又《中州集》卷八有王珦詩〈王元仲海岳樓同諸公賦〉，至趙秉文有〈海月〉詩云「海岳樓頭砍冰雪」，注云「海岳樓公所隱」。前詩以海岳樓指王遵古，後者則以海岳樓指涉庭筠，元好問〈王學士熊岳圖〉亦同。因趙詩是寄贈給詩人、隱者，元詩是寫畫家、詩人、隱者，都不是王遵古的身分。遵古如〈黃華墓碑〉所云，是「文行皆備，潛心伊洛之學」的君子。雖然也寫詩，並有〈過太原贈高天益〉詩云「山

卅二代祖烈是太原祁人，漢末大亂，避居遼東，終生隱居，子孫散處東夷。其十七代孫文林，為高麗西部將，戰死沙場。又八世孫樂德，居渤海，以孝聞名。至遼太祖平渤海，封其子東丹王，都遼陽。樂德之曾孫繼遠仕為翰林學士，故遷遼陽。繼遠孫為中作使咸餝，咸餝孫為六宅，使恩州刺史。六宅生永壽，遷熊岳。永壽之長子政即為庭筠祖父，太祖授為渤海軍謀克，從伐宋。滑州降，政為安撫使。民飢為盜繫獄，政皆釋之。又發倉廩，濟貧乏，民喜而不叛。鄰郡亦多降者。太宗時政管軍資，清廉有功。熙宗天眷元年，遷建州保靜軍節度使致仕，卒年六十六。政有三子，遵仁，遵義，遵古。遵古有四子：庭玉，庭堅，庭筠，庭掞。庭筠母張氏，外祖張浩。

林必我曹」的句子，但他不是隱者。趙秉文與元好問的年代也比較晚，故二人詩是為庭筠寫的。但因王遵古建海岳樓，「海岳」本「四海五岳」，同「海嶽」。而北宋米芾（一〇五一—一一〇七）號「海嶽」，可能因此後世多有誤以庭筠為米芾外甥者。

張浩字浩然，遼陽渤海人，本姓高，東明王之後，曾祖霸仕遼而改姓張氏[五]。海陵天德三年以庭筠外祖張浩為尚書右丞。四月，詔遷都燕京，命浩調選規劃。此時金人雄峙中國北方，海陵繼熙宗的漢化政策，並為完成其征服全中國的野心，竟毀上京宮殿宅邸，為遷都燕京，而付張浩以建中都燕京的使命[六]。庭筠出生，正是兩家盛時。

天德四年壬申（西元一一五二年）二歲

五 《金史》卷八十三〈張浩傳〉浩字浩然，遼陽渤海人。本姓高，東明王之後，曾祖霸仕遼而改姓張氏。又參見劉浦江〈渤海世家與女真皇族的聯姻－兼論金代渤海人的政治地位〉。外山軍治《金朝史研究》，〈第二章金初遼陽渤海人，第二節遼陽張氏與熊岳王氏系譜。〉《渤海國志長編》第十八有張汝能撰〈金贈光祿大夫張行願墓志〉參見本書第五頁圖，

六 又見《北京圖書館藏中國歷代石刻拓本滙編》第四十六冊第四十頁，張行願葬於天德二年（一一五〇年），庭筠出生的前一年。汝能為浩子，行願為浩父，故於張氏家族記載詳確，本圖也就是研究黃華外家最好的資料。又近世多訛傳黃華為米芾外甥，如以其書法藝術言，淵源至深，如以血統言，則二人不相關涉。

貞元元年癸酉（西元一一五三年）三歲

海陵王受宋、高麗、夏、回紇貢獻，既稱雄於北中國，又極力南侵。自上京[七]詔遷都燕京，改為中都，汴京為南京，中京為北京[八]。拜戶部尚書右丞張浩為平章政事，參知政事，封潞王，未幾改封蜀王，進拜左丞相。浩營建中都，宮闕制度仿汴京，築城三年始成。浩請凡四方之民欲居中都者，給復十年，以實京城，海陵從之[九]。

貞元二年甲戌（西元一一五四年）四歲

平章政事張浩進為右丞相，海陵賜其子汝霖進士。特授左補闕，擢大

七 即黑龍江阿城縣白城。
八 《金史》卷五〈海陵本紀〉。
九 同（註三）。有關於金中都，可參考《中國考古集成》卷十七，一一三三頁。

興縣令，再遷禮部員外郎翰林待制[十]。

貞元三年乙亥（西元一一五五年）五歲

吏部尚書蔡松年為參知政事[十一]。

三月壬子，以左丞相張浩、平章政事張暉，每見僧法寶必坐其下，失

十　《金史》卷五〈海陵本紀〉、卷八十三〈張浩傳〉、〈張汝霖傳〉：「汝霖字仲澤，少聰慧好學，浩嘗稱之曰：『吾家千里駒也。』浩有五子：汝為、汝霖、汝能、汝方、汝猷。有一女嫁王遵古，參見（註六）

十一　《金史》卷一二五〈文藝傳蔡松年傳〉說蔡氏文詞清麗，尤工樂府，與吳激齊名，時號吳蔡體。然而，贊語謂其「在文藝中爵位之最重者，導金人言利，興黨獄，殺田瑴，文不能掩其所短者歟。」蔡氏在熙宗皇統七年與許霖構成田瑴等罪，株連甚廣，史稱「君子之黨熄焉。」又在海陵帝還中都時聚斂貨財，復鈔引法，有政治上的責任，而史官認為蔡氏的文學造詣，不能掩蓋他在政治道德上的缺失。

大臣體，各杖廿，僧法寶妄自尊大，杖二百[十二]。

正隆元年丙子（西元一一五六年）六歲

正月，罷中書門下省，以太師領三省事[十三]。以蔡松年為尚書右丞。二月，

十二 事見《金史》〈海陵本紀〉，詳見列傳第二十一〈張通古傳〉。金末有「遼以釋廢」的說法。如海陵、世宗、章宗對佛教都有利用與壓抑的兩面政策，而遼人崇佛，實由渤海人與漢人的影響。遼陽張氏如張浩的兄妹均受度為僧尼，參見本書第五頁圖。故張浩以丞相之尊而恭禮名僧是他內心信仰的自然表現，也是遼代崇佛的遺風。但因僧尼太多，對社會政治經濟影響都大，所以海陵嚴責制止，也是有其政策性的考量。

十三 罷中書與門下省，是海陵建立中央集權專制政體的措施。金本承唐宋之三省舊制，而其君主專制集權竟又過之。金人在行政體制結構上也受了遼的影響，遼人以北面官為主，有樞密院、宰相府、大王院，而無所謂三省制。南面官雖有三省之名而無實權。金自海陵廢中書、門下，就失去了「中書省擬而議之」，和門下省「審而覆之」，只有尚書省的「承而行之」了。詳見金毓黻《宋遼金史》（一九七二年樂天出版社台二版）第五頁，

改元正隆。六月，遷蔡松年為左丞[十四]。

庭筠六歲，聞父兄誦書，能通大義。庭筠有兄庭玉、庭堅、有弟庭掞。有一姊妹嫁高守信，生子高憲[十五]。庭玉字子溫，官內鄉令，終於同知遼州軍州事。庭堅字子貞，有時名。庭筠有詩〈送子貞兄歸遼陽〉：「青峭江邊玉數峰，煙梳雨沐為誰容。到時為向山靈道，歸意如君一倍濃。」庭筠有姪明伯，性倜儻無機，膂力過人，而能書能詩，有詩云：「釣鰲公子鐵心胸，興在三山碧海東。千尺雲帆已高揭，不知何日得秋風。」氣勢高亢，可惜年未四十死於鄧州。王氏一族雖仕宦不高，但以詩書

十四　《金史》〈文藝傳〉：「海陵謀伐宋，以松年家世仕宋，故亟擢顯位，以聳南人視聽。」與陶晉生〈金代的政治結構〉、台灣中央研究院《史語所集刊》一九六九年，五六七—五九三頁。

十五　參見（註十一）〈王黃華墓碑〉、《渤海國志長編》〈第十三〉同。

傳家，於此可見。

正隆二年丁丑（西元一一五七年）七歲

以工部侍郎韓錫同知宣徽院事，錫不謝，杖百廿，奪所授官[十六]。

任詢登進士第[十七]。

十六 《金史》〈海陵本紀〉，可以看出金廷對士人的高壓政策。〈刑志〉說：「（金廷）待宗室少恩，待士大夫少禮，忍恥以就功名，雖一時名士，有所不免，至於避辱遠引，罕聞其人。」

十七 《金史》列傳六十三〈文藝上〉：「詢生於虔州，為人慷慨多大節，書為當時第一，畫亦入妙品。評者謂畫高於書，書高於詩，詩高於文。然王庭筠獨以其才具許之。……年六十四致仕，優遊鄉里，家藏法書名畫數百軸，年七十卒。」《中國美術家人名辭典》俞劍華編，上海人民出版社，一九八一初版，九五頁稱庭筠「畫師任詢，善山水古木竹石。」同書一八五頁又稱任詢「山水師王庭筠。」後者就二人年齡來看顯然錯誤，前者就庭筠對任詢之評語也令人存疑。明陶宗儀《書史會要》卷八有「任詢字君謨，號南麓，易州

馮璧生[十八]。

海陵命會寧府毀舊宮殿、諸大族第宅，及儲慶寺，仍夷其地而耕種之[十九]。

蓋海陵亟欲一統天下，故積極南遷，至毀會寧舊都。

張浩改封魯國公，表乞致仕，不許[二十]。

人，山水在王子端下。」

十八　《金史》列傳第四十八〈馮璧傳〉：「璧為承安二年經義進士，歷官應奉翰林文字，翰林修撰、監察御史、大理丞，劾奏姦贓，權貴側目，終為集慶軍節度使，金亡後卒，年七十九。」馮璧為庭筠之友，《金史》〈文藝傳〉庭筠本傳：「其薦引者，如趙秉文、馮璧、李純甫皆一時名士。」馮璧挽黃華詩云：「詩名摩詰畫絕世，人品右軍書入神。」

十九　《金史》〈海陵本紀〉。

二十　《金史》〈張浩傳〉：「正隆二年，改封魯國公，表乞致仕。海陵曰：『人君不明，諫不行，言不聽，則宰相求去。宰相老病不能任事則求去。卿於二者何居？』浩對曰：『臣羸病不堪任事，宰相非養病之地也，是以求去。』不許。」這一段紀錄除了表現海陵對張浩的倚重，也表現了專制政體下臣屬沒有辭官的自由。

張汝弼中進士[二十一]。

黃華七歲學詩[二十二]。

正隆三年戊寅（西元一一五八年）八歲

海陵王將幸汴京，汴京大內失火，詔張浩、敬嗣暉營建宮室[二十三]。

二十一 《金史》列傳二十一〈張汝弼傳〉：「汝弼字仲佐，父玄徵。汝弼以父蔭補軍，正隆二年中進士第。……玄徵妻高氏與世宗母貞懿皇后有屬，世宗納玄徵女為次室，是為元妃張氏，生趙王允中，世宗即位於遼陽，汝弼與叔玄素俱往歸之。」張浩與張玄徵、玄素都是遼金吾衛上將軍張霸的玄孫。

二十二 〈王黃華墓碑〉、《金史》〈文藝傳〉同。

二十三 《金史》列傳第二十一〈張浩傳〉：「浩從容奏曰：『往歲營治中都，天下樂然趨之，今民力未復，而重勞之，恐不似前時之易成也。』海陵不聽，又問用兵厲害，浩婉詞諫之，亦不聽。」

正隆四年己卯（西元一一五九年）九歲

二月，修中都城，造戰船于通州。時方營建南京宮室，而中都與四方所造軍器材料皆賦於民，民間往往殺牛以供筋革，至於烏鵲狗彘，無不被害，民極困苦，太醫使祁宰上疏諫伐宋，殺之[二十四]。

趙秉文生[二十五]。

二十四　《金史》〈海陵本紀〉。

二十五　《金史》列傳第四十八〈趙秉文傳〉又〈文藝傳下王庭筠傳〉。秉文字周臣，幼時詩書皆法黃華。大定廿五年秉文中進士，明昌六年黃華薦為應奉翰林文字。因上書言完顏守貞當大用，胥持國當罷，章宗嚴究其事，黃華坐累，被杖解職，時人多恥秉文攀累友人。後秉文歷任翰林修撰、翰林直學士、兵部郎中、禮部尚書等職，備受尊崇，秉文亦盡忠竭智，以輔國君，且為文壇盟主，卒年七十四歲。使者至西夏，西夏人多問秉文與黃華起居，其為天下所重如此。劉祁《歸潛志》卷一謂「秉文幼時詩書皆法子端。」又卷七謂「秉文少時寄詩黃華，黃華稱之曰：『非有千首，其功夫不至於此。』其詩至今為人

正隆五年庚辰（西元一一六〇年）十歲

盜賊多起，皆酷刑處死[二十六]。

庭筠父遵古中進士第[二十七]。

傳誦，且趙以此詩初得名。」此詩見趙氏《滏水集七》、《中州集三》：「寄語雪溪王處士，年來多病復何如，浮雲世態紛紛變，秋草人情日日疏，李白一杯人影月，鄭虔三絕畫詩書，情知不得文章力，乞與黃華作隱居。」又有〈跋黃華墨竹二首〉：「老可能為竹寫真，東坡解與竹傳神，墨君有語君知否，須信黃華是可人。」「淡墨閒臨謝女真，蕭然林下自風神，世間自有丹青手，只解尋常寫市人。」另有一首〈海月〉云：「為君挂席拾滄溟，海岳樓頭斫冰雪。」詩後小注「海岳樓公所隱。」應是題贈庭筠，而非贈其父遵古。

二十六 《金史》〈海陵本紀〉。

二十七 參見（註六）又清張金吾輯《金文最》〈東昌府麒麟碣〉：「顯允王公，此邦賢倅，治飾儒術，政施寬愛，學校修完，市民感戴，東堂繪真，永獲瞻拜。」「繪真」即肖像畫。

世宗大定元年辛巳（海陵正隆六年西元一一六一年）十一歲

海陵次河南視行宮地，自中都至河南，所過麥皆為空，詔百官先赴南京治事。入南京後，以左丞相張浩為太傅尚書令。八月，因皇太后諫伐宋，海陵弒太后於寧德宮，命於宮中焚之，棄其骨於井，並殺其侍婢十餘人。以諫伐宋，又杖左丞相張浩。九月，盜賊蜂起，官軍莫敢近。海陵自將南征，浩留治尚書省事。十月，世宗即位於遼陽，改元大定，張浩遣使賀。十一月，海陵遇弒崩[二十八]。

黃華十一歲能賦全題，讀書五行俱下，日記五千餘言，涿郡王公脩然，

二十八　《金史》〈海陵本紀〉、〈世宗本紀上〉。參見（註二）清趙翼《廿二史劄記》有〈海陵荒淫〉〈海陵兼齊文宣、隋煬帝之惡〉。近世則商榷較多，如周鋒《完顏亮評傳》北京民族出版社，二〇〇〇年。書末並有相關論文書目。

風岸孤峻，少所許可，一見公，以國士許之[二十九]。

大定二年壬午（西元一一六二年）十二歲

世宗詔令百官上書言事，將親覽以觀人材優劣。又詔御史台勿止理細事而略其大者。並定職官廉能汙濫不職，各為三等，而黜降之。又屢敗宋軍、奚、與契丹叛者[三十]。

張浩為太師尚書令，封南陽郡王。世宗令舉人材，浩薦紇石烈志寧等名臣。浩有疾請退，詔入朝毋拜，殿中設座，然每以退爲請[三十一]。

二十九 〈王黃華墓碑〉、《金史》〈文藝傳下〉黃華本傳同。又卷一〇五列傳第四十三〈王翛傳〉。

三十 《金史》〈世宗本紀上〉。

三十一 《金史》〈張浩傳〉。

大定三年癸未（西元一一六三年）十三歲

百姓因寇亂災荒質賣妻子者，世宗令贖之[三十二]。南宋高宗構傳位孝宗，改元隆興[三十三]。

近侍有欲罷科舉者，因張浩諫，止其議。浩卒，世宗為輟朝一日，厚賜其家，謚曰文康[三十四]。

三十二 《金史》〈世宗本紀〉。

三十三 《宋史》卷三十二〈高宗本紀九〉。

三十四 《金史》〈張浩傳〉：「世宗即位於遼陽，揚州軍變，海陵遇害。……浩遣戶部員外郎完顏謀衍上賀表。明年二月，浩朝京師，入見。世宗謂曰：『……卿國之元老，當戮力贊治。……』拜太師尚書令，封南陽郡王。世宗謂曰：『卿在正隆時為首相，不能匡救，惡得無罪。營建兩宮，殫竭民力，汝亦嘗諫，故天下不以咎汝，惟怨正隆。而卿在省十餘年，練達政務，故復用卿為相，當自勉，毋負朕意。』浩頓首謝。」浩傳史臣贊曰：「異哉海陵之為君也，舞智御下而不卹焉，君子仕於朝，動必以禮，然後免於恥。……

大定四年甲申（西元一一六四年）十四歲

北京中都等路，經契丹寇略，平薊二州蝗旱災，民不能相保，賣為奴婢，詔以內庫物贖之[三十五]。

金以女真文字譯經史[三十六]。

浩無事不為，無役不從，為相最久，用之厚，遇之薄，豈亦自取之耶？」評論似嫌苛刻，因浩為能臣無疑，海陵倚重甚深，故其貢獻良多，然海陵暴虐，浩雖屢次辭官，終未能避辱遠引耳。庭筠於青少年時期即應熟知其外祖張浩的事蹟功勞，榮寵與屈辱，以及為官之失去個人自由。

三十五 《金史》〈世宗本紀上〉。

三十六 金人初無文字，借用契丹字，太祖始命完顏希尹撰本國字。天輔三年（一一一九年），字書成。其後熙宗亦製女直字，希尹所撰謂之女直大字，熙宗所撰謂之女直小字。見《金史》卷七十三列傳第十一〈完顏希尹傳〉。

大定五年乙酉（西元一一六五年）十五歲

宋使來稱「姪宋」，歲幣廿萬。壽王京謀反獄成，免死，杖之，除名。京為宗望子，因信術士之言謀反，款服後世宗詔曰：「朕與汝皆太祖之孫，海陵失道，剪滅宗支。朕念兄弟無幾，於汝尤為親愛，汝亦自知之，何為而懷此心，朕念骨肉，不忍盡法。汝若尚不思過，朕雖不加誅，天地豈能容汝也。」其後並給予節度廩俸。世宗對宗室寬厚，應是金代九主中之第一。七年後京兄文也因謀反，亡命被獲伏誅，同為術士所惑謀反。故世宗詔諭宗室及三品以上官除嫁娶修造葬事，不得推算相命[三十七]。

大定六年丙戌（西元一一六六年）十六歲

世宗尚儉樸，敕有司宮中張設毋以塗金為飾。澤州刺史劉德裕等以盜用官

三十七　《金史》〈世宗本紀上〉，詳見列傳十二〈宗望子齊、京、文傳〉。

錢伏誅。泰州民合柱謀反伏誅[三十八]。

大定七年丁亥（西元一一六七年）十七歲

世宗重吏治，拔擢黜陟，皆所用心。尤戒貪黷，多加嚴懲。九月，韓贇以捕蝗受賂除名。詔吏人但犯贓罪，雖會赦，非特旨不敘[三十九]。

大定八年戊子（西元一一六八年）十八歲

七月皇孫麻達葛生，為皇太子允恭之嫡長子。允恭性惇厚、好學問；太子妃性謙謹、好詩書[四十]。世宗謂宰臣曰：「朕思得賢士，寤寐不忘。」又謂御史大夫李石曰：「唯見

三十八 同前註。

三十九 同前註。

四十 見《金史》卷十九〈顯宗本紀〉卷六十四〈后妃列傳下——顯宗孝懿皇后傳〉。

卿等劾人之罪，不聞舉善，自今宜令監察御史分別刺舉善惡以聞。」[四十一]除張汝霖刑部郎中，召見於香閣[四十二]。前海陵重用張浩建中都、遷南京，世宗時亦頗重汝霖。

大定九年己丑（西元一一六九年）十九歲

世宗謂宰臣曰：「朕觀在位之臣，初入仕時，競求聲譽以取爵位，亦既顯達，即默苟容為自安計，朕甚不取，宜宣諭官，使知朕意。」[四十三]

四十一　同註三十七。

四十二　《金史》卷八十三，列傳第二十一〈張汝霖傳〉：「大定八年除刑部郎中，召見於香閣，諭之曰：『卿以（翰林）待制除郎中，勿以為降，朕以刑部闕漢官，故以授卿。且卿入仕未久，姑試其能耳。……當既其心，毋忝乃父。』」

四十三　同註三十。

張汝霖任太子左諭德，兼禮部郎中[四十四]。

大定十年庚寅（西元一一七〇年）廿歲

黨懷英中進士。[四十五]

世宗諭左丞石琚曰：「女直人經居達要，不知閭閻疾苦，汝等自丞簿至是，

四十四 《金史》〈張汝霖傳〉：「世宗諭宰臣曰：『禮官當選有學術士如張汝霖者可也。』……汝霖以憂解起復為太子詹事，遷太子少師兼御史中丞，世宗召謂曰：『……卿今為台官，可革其弊。』……俄轉吏部為御史大夫。」後世宗嘗責其顧狥不公，愚而不正。復坐失出大興推官，頃之復為太子少師兼禮部尚書。

四十五 《金史》卷一二五列傳六十三〈文藝上〉：「懷英（西元一一三四—一二一一年）能屬文，工篆籀，當時稱為第一，學者宗之。」《中州集三》有黨氏〈曉雲次子端韻〉：「灤溪經雨浪生花，曉碧翻光漾曉霞，川上風煙無定態，盡供新意與詩家。」

民間何事不知，凡有厲害，宜悉敷陳。」[四十六]

大定十一年辛卯（西元一一七一年）廿一歲

世宗詔朝臣直言國家利便遺闕。又謂宰臣官吏黜陟賞罰薦舉宜明[四十七]。

大定十二年壬辰（西元一一七二年）廿二歲

世宗最惡貪黷，詔贓污之官罷職，僚佐並須連坐[四十八]。

四十六　世宗致力鞏固其以異族入主中原之政權，在政治方面，取女直進士培植人材，同時也要求漢人官吏以其所長盡力輔佐。參看陶晉生〈金代中期的女真本土文化運動〉《思與言》七卷一期，一九七〇年。

四十七　同註三十七。

四十八　《金史》〈世宗本紀中〉：「二月詔自今官長不法，其僚佐不能糾正，又不言上者，並坐之。……三月，詔尚書省贓汙之官，已被廉問，若仍舊職，必復害民，其遣使諸道，即

完顏鑄生。鑄為越王永功子，世宗孫。博學有俊才。《金史》〈列傳二十三〉稱其善為詩，工真草書。在中都時，因宣宗忌宗室，故與文人士夫吟詠唱酬，只是暗中往來，不敢宣揚。宣宗南遷，王公大臣奔竄流離，鑄載其家法書名畫，一幅不遺。居汴京時，家人口多俸少，客至無酒肴。唯焚香煮茗，談書論畫為樂。元好問稱之為「百年以來宗室中第一流人。」有〈黃華古柏詩〉「黃華老人畫古柏，鐵簡將軍挽大招，意足不求顏色似，荔支風味配江瑤。」〈中州集卷五〉。此詩已指出黃華畫古柏「意足不求顏色似」之文人畫風格。四十九

日罷之。」

四十九 見《中州集》卷五。

大定十三年癸巳（西元一一七三年）廿三歲

世宗謂宰臣，女真人漸忘舊風，欲一至會寧，使子孫得見舊俗，以習效之。又禁女真人譯為漢姓[五十]。

庭筠省親至汾州，有〈大江東去癸巳冬小雪家集〉之作[五十一]，時其父遵

五十　《金史》〈世宗本紀〉：「上謂宰相曰：『會寧乃國家興王之地，自海陵遷都永安，女直人寖忘舊風。朕時嘗見女直風俗，迄今不忘。今之燕飲音樂，皆習漢風，蓋以備禮也，非朕心所好。東宮不知女直風俗，第以朕故，猶尚存之，恐異時一變此風，非長久之計。甚欲一至會寧，使子孫得見舊俗，庶幾習效之。』」又參見姚從吾〈金世宗對於中原文化與女真舊俗的態度〉《東北史論叢》台北，正中書局，一九五九年。

五十一　見元好問編《中州樂府》：「山堂晚色滿疏籬，寒雀煙橫高樹，小雪輕盈如解舞，故故穿簾入戶。掃地燒香，團欒一笑，不道因風絮，冰澌生硯，問誰先得佳句。有夢不到長安，此心安穩，只有歸耕去。試問雪溪無恙否？十里淇園佳處。修竹林邊，寒梅樹底，准擬全家住，柴門新月，小橋誰掃歸路？」這是庭筠現存詩詞中紀年的一首青年時期的作品，

古任汾州觀察判官，有〈昌寧宮廟記〉刻石碑文[52]

溫馨自然如畫，更明白表示了他無意於仕進的隱逸思想。

五十二　清孫星衍《寰宇訪碑錄》卷十有：「〈昌寧宮廟記〉王遵古撰，正書，大定十三年，山西汾陽。」又清王軒等撰光緒十八年刊本《山西通志》卷一六五〈祠廟〉：「昌寧宮廟在府城（汾州府汾陽縣）東南三里，土人名台駘神廟，唐貞元九年建，令狐楚撰碑文，金大定十三年禱雨有應，王遵古記。」《山西通志》卷五十八〈古蹟〉：「黃華亭縣學二門外泮池西，貯黃華老人行書詩石，金翰林修撰王庭筠嘗讀書黃華山寺，因號焉，父遵古為汾州觀察判官，省親至此。」書詩石二，史稱「書法米元章而端雅過之。」金毓黻編《黃華集》卷八〈年譜〉辯正庭筠「黃華山詩之作尚在其後，不容於此時預書，蓋其後州人求得先生之墨蹟而刻之耳。」又卷七引《山西通志》〈古蹟〉與〈祠廟〉，按語則曰：「《山西通志》《（汾州）府志》及《山右石刻彙編》皆不錄其記，文無由考見。」但《黃華集》卷四〈家集〉有〈昌寧宮廟記〉文，引自《汾陽縣志》。

大定十四年甲午（西元一一七四年）廿四歲

世宗命衛士有不嫻女直語者，並勤習學[五十三]。

王若虛生[五十四]。

五十三 《金史》〈世宗本紀〉。

五十四 若虛字從之，承安二年經義進士，為金代後期文學批評的健將。《金史》卷一二六〈文藝下〉有傳。若虛雖少庭筠廿四歲，但因文學理念不同，有詩嘲諷庭筠：「寄語雪溪王處士，恐君猶是管窺天。」又云：「人物世衰如鼠尾，後生未可議前賢。」其詩題小序云：「王子端云『近來陡覺無佳思，縱有詩成似樂天。』其小樂天甚矣。」若虛《滹南集》卷四十〈滹南詩話〉中又云：「詩人之語詭譎寄意固無不可，然至於太過，亦其病也。……王子端〈叢台絕句〉云：『猛拍欄杆問興廢，野花啼鳥不應人。』若應人可是怪事。《竹莊詩話》載〈法具〉一聯云：『半生客裡無窮恨，告訴梅花說到明。』不知如何消得如此，昨日酒間偶談及之，客皆絕倒也。」庭筠問野花啼鳥人間興廢，又告訴梅花其無窮之恨，是以擬人法表現其與自然之交融，及其在人世間之寂寞，王若虛不解其思想感情，卻引為酒間笑談，確實是「後生議前賢。」

大定十五年乙未（西元一一七五年）廿五歲

世宗詔有司曰：「朕唯人命至重，而在制竊盜賊至五十貫者處死，自今可令至八十貫者處死。」[五十五]又謂左丞相良弼曰：「在會寧時，一月之間，杖而殺之者廿人，罪皆不至於死，於理可乎？」[五十六]

世宗子永功為元妃張氏所生，是年除刑部尚書，世宗說「侍郎張汝霖汝外舅行也，可學為政。」見《金史》〈列傳二十三〉。張汝霖於大定八年任刑部郎中。

五十五 《金史》卷七〈世宗本紀中〉卷四十五〈刑志〉，可以看出世宗仁厚，並重視刑法吏治，嘗言「法者天下持平之器」，但見前引文可知金代刑罰嚴苛，至於晚金尤為慘酷。清趙翼《廿二史劄記》卷二十八有〈大定中亂民獨多〉一節可參考。

五十六 《金史》〈世宗本紀〉。

大定十六年丙申（西元一一七六年）廿六歲

世宗與宰執從官論古今興廢，且曰：「女直舊風最為純直，雖不知書，然其祭天地，敬親戚，尊耆老，接賓客，信朋友，禮意款曲，皆出自然，其善與古書所載無異，汝輩當學習之，舊風不可忘也。」[五十七]十二月世宗詔諸科人出身四十年方注縣令，年歲太遠，今後仕及卅二年，別無負犯贓染追奪，便與縣令[五十八]。

黃華甲科釋褐，登進士第，為承事郎[五十九]。黃華舅禮部尚書張汝霖拜參

五十七　《金史》〈世宗本紀〉，參見姚從吾〈金世宗對於中原文化與女真舊俗的態度〉《東北史論叢》台北正中書局，一九五九年，一一八—一七四頁。

五十八　世宗重吏治，不但極力要求宰執薦舉人材，且注意銓敘升遷等制度面的問題，他也注意到基層升遷不易。

五十九　見〈王黃華墓碑〉、《金史》〈文藝傳〉、《中州集》卷三，唐宋以來科舉分甲乙科，以進士為甲科，舉人為乙科。金代以詩、詞、賦、經義、策論中選者謂之進士，律科經義中

知政事，族兄汝弼同日拜尚書左丞，族里以為榮[六十]。庭筠有〈大安寺試院中寒食〉詩：「東風日日漲黃沙，供佛床頭始見花，寒食清明好時節，年年憔悴獨離家」。因未記年，姑繫於此。

選者為舉人。「甲科釋褐」猶言「甲科及第」。釋褐一詞始於北宋太宗太平興國二年（九七七年），即「換下平民之褐衣，換上官服」之意。金代官制吏部有「文官九品，階凡四十有二。」「承事郎」是北宋開始設置的，金代再置，為文散官，正八品。上曰文林郎，下曰承事郎。大定十四年命狀元更授承務郎，次舊授儒林郎，更為承事郎。以上見《金史》卷五十五〈百官志一〉、卷五十二〈選舉志二〉。三上次男《金史研究三》〈第八金の科舉制度て　の形態〉〈第四章　金代における科舉の形態〉〈第四節試期〉引《金史》〈選舉志〉「程試之期，皆依漢進士例……來年三月廿日鄉試，八月廿日府試，次年正月廿日會試，三月十二日御試。」

六十　《金史》卷八十三〈張汝霖傳〉、〈張汝弼傳〉。

大定十七年丁酉（西元一一七七年）廿七歲

世宗曰：「朕嘗語卿等，遇豐年即廣糴以備凶歉，卿等皆言天下倉廩盈溢，今欲賑濟，乃云不給。自古帝王皆以蓄積為國家長計，朕之積粟，豈欲獨用之耶？」六十一

世宗謂宰相曰：「今在位不聞薦賢，何也？」又：「近觀上封章者，殊無大

六十一　《金史》〈世宗本紀〉又卷十九，本紀第十九〈顯宗〉：「大定十一年有使者自山東還京，顯宗問民間何所苦？使者曰：『錢難最苦，官庫錢滿有露積者，而民間無錢，以此苦之。』」（參看葛今芳《宋遼夏金經濟研析》武漢出版社，一九九一年。）顯宗乃世宗嫡子，章宗之父，未即位而卒。金世宗於大定四年開始推行「通檢」，按貧富資產徵收「物力錢」，以補海陵帝時因大修宮室與南下攻宋而耗損之國家財源，到了大定十五年又推行「推排」，以戶口多寡、富貴輕重定賦稅，以補「通檢」之不均。有些執行官吏徵斂苛酷過當，尤以山東州縣為最。詳見《金史》卷四十六〈食貨志一〉，又何俊哲、張達昌、于國石編《金朝史》三〇七—三〇九頁。中國社會科學院一九九二年出版。

利害。且古之諫者既忠於國，亦以求名。今之諫者，為利而已。」[六十二]

李純甫生[六十三]。

大定十八年戊戌（西元一一七八年）廿八歲

庭筠調恩州軍事判官[六十四]。

六十二 《金史》〈世宗本紀〉。

六十三 《金史》列傳第六十四〈文藝下〉，參考周惠泉著《金代文學研究》一六一——一六四頁，二〇〇〇年台灣文津出版社。李純甫有詩〈子端山水同元裕之賦〉：「遼鶴歸來萬事空，人間無地著詩翁，只留海岳樓中景，長在經營慘淡中。」應是黃華逝後所作。這裡也是以「海岳樓」指涉黃華。

六十四 《金史》〈文藝傳下〉、元撰〈王黃華墓碑〉與《中州集》並云庭筠登大定十六年進士第，《金史》並接敘「調恩州軍事判官，臨政即有聲，郡民鄒四者謀為不軌，……」〈墓碑〉略同。金毓黻編〈黃華年譜〉遂以「調恩州軍事判官」繫於大定十六年，以「郡民鄒四謀為不軌」繫於大定十七年，以「再調館陶主簿」繫於十八年。今改繫「調任恩州軍事

大定十九年己亥（西元一一七九年）廿九歲

張行簡中進士第一。有詩〈題子端雪溪小隱圖〉：「出處皆天豈自由，仙標

判官」於十八年，是因為〈世宗本紀〉大定廿一年有「潤（三）月己卯，恩州民鄒明等亂言伏誅」的記載。既同在恩州，同為鄒姓，同為叛亂，應即是《金史》〈文藝傳〉與〈黃華墓碑〉所說的「郡民鄒四者，謀為不軌」，而接敘黃華治獄，計獲鄒四云云。大定廿一年潤三月黃華既任恩州，則其始調恩州不得早於大定十八年。因為《金史》卷五十二〈選舉志二〉云：「職事官單任以卅月為滿。」大定廿一年三月倒推三十個月應是十八年九月。

《金史》〈地理志下〉：「恩州中刺使，宋清河郡軍事，治清河，今治歷亭，戶九萬九千一百十九，縣四鎮六。」金歷亭縣屬大名府路，即今山東平原縣西恩城。

《金史》〈百官志一〉：「判官推官掌書記。」又〈百官志三〉：「諸刺使州通判州事判官一員，從八品，簽判州事，專掌通檢推排簿籍。」黃華始仕恩州，當以稅務文書工作為主。

終合冠鼇頭，不妨貌取黃華景，時向鈴齋作臥遊[六十五]。」

庭筠臨政即有能官之譽[六十六]。

大定廿年庚子（西元一一八〇年）三十歲

大定廿一年辛丑（西元一一八一年）卅一歲

五月，西北路招討使完顏守能以贓罪杖一百，除名[六十七]。

六十五 《金史》列傳第四十四〈張行簡傳〉，張行簡此詩最能道出黃華一生在仕與隱之間不能做自由選擇的困境。應是作於黃華再度出仕以後，故昔日隱居之處，只能作夢中臥遊。

六十六 《金史》本傳與元撰〈墓碑〉同，今繫年於此。

六十七 《金史》〈世宗本紀〉，又《金史》卷七十三，列傳第十一〈完顏守能傳〉作「杖二百」，又尚書省奏守能兩贓俱不至五十貫。其兄守道並受世宗切責去官，七月始復為左丞相太尉如故。凡此皆可看出金世宗朝對贓污之罪的重罰。

三月，恩州民鄒明等亂言伏誅，庭筠治其獄，計獲鄒四，釋放無辜受牽連之百姓千餘人[六十八]。庭筠在恩州任滿，再調館陶主簿[六十九]。因金法

[六十八] 同上，又〈文藝傳下〉黃華本傳、元撰〈王黃華墓碑〉云：「郡民鄒四者謀為不軌，事覺，逮捕千餘人，而鄒四者竄匿不能得。朝廷使大理司直王仲翰與公治其獄，公以計獲鄒四，分別詿誤，坐預謀者十二人而已。」

[六十九] 《金史》〈地理志下〉以館陶縣宋金時屬大名府，在今山東省臨清縣西南，明代屬東昌府。又據〈百官志一〉，主簿是幕職官，刺使州判官從八品，縣主簿為正九品。諸州判官俸祿為錢粟十三貫石，麴米麥各一稱石，衣絹各六兩，綿廿兩，職田二頃。」故黃華之調館陶主簿是不昇反降，俸祿遞減。據〈百官志〉，金制有考校官吏之「詮頭」與「行止簿」，章宗泰和四年更准唐令制「考課法」。而黃華臨政有能官之譽，又計獲鄒四，開釋無辜受牽連的千餘人。但金法嚴密，晚金時尤「以深文傳致為能吏，以慘酷辦事為長才。」而「風紀之臣失糾皆決，考滿，校其受決多寡以為殿最」。如《金史》卷一〇五〈王翛傳〉：「世宗謂宰臣曰：『王翛前為外官，聞有剛直名，今聞專務出罪為陰德，事多非理從輕，又巧倖偷安。若果剛直，則當忘身以為國，履正以無偏，何必賣法以徼福耶？……奪官一階。』」從以上《金史》〈酷吏列傳〉、〈刑志〉與〈王翛傳〉的引文，可

嚴密，告姦上變者賞以不次，官吏尚威虐以為事功。而庭筠竟釋放無辜百姓一千餘人，故不昇反降。

主簿之職在輔佐縣令，而縣令的工作是：「掌養百姓，按察所部，宣導風化，勸課農桑，平理獄訟，捕除盜賊，禁止游惰，兼管常平倉與通檢推排簿籍，總判縣事。」舉凡民生經濟、稅賦、司法、警政、教育，都包含在內。

六月，庭筠書〈博州廟學記碑〉。碑陰為其父王遵古撰文，碑陽為王去非撰文。文中對於王遵古的為人與學識，極其推崇。此碑當時號稱三絕碑，即以碑文、黨懷英篆額，與庭筠書丹為三絕。可見庭筠雖僅三十一歲，但在書法方面的聲譽已經很高。黨懷英較庭筠年長十八歲，

以了解黃華仕恩州後，以寬仁為政，但在考校官吏以治罪受決多寡來判斷的制度下，黃華不升反降，僅調任館陶主簿。詳見《金史》〈百官志〉一、三。

大定十年中進士。《金史》〈文藝傳黨懷英傳〉說他「能屬文，工篆籀，當時稱為第一，學者宗之。」明趙崡《石墨鐫華》卷六說「王庭筠在金與趙秉文、黨懷英輩同負書名，而庭筠酷似南宮，此書是也。」明盛時泰《元牘記》更說：「黃華老人此書，駸駸遂陵米顛，直欲與之分庭抗禮，虎兒在階下便當縮項爾。」清孫承澤說「此碑風骨磊落，有襄陽之勁秀而無其傾攲，金石不多見者。」清錢大昕《潛研堂金石文跋尾》也指出「庭筠此書結束殊有力，真可與米顛蕪湖縣學記抗衡。」又說他「筆勢尤縱逸。」此碑石應是庭筠青年時期一件重要的書法刻石。可惜二〇〇〇年山東省博物館來函說未見此碑，恐已亡失[七十]。

七十　碑陰為遵古門人李穀篆額，明彭大翼《山堂肆考》云：「東昌府學有三絕碑，金大定間重修文廟，王去非撰記，黨懷英篆額，王庭筠書丹，時號三絕。」參見金毓黻輯《黃華集》卷四謂此碑在東昌府學，東昌府即今山東聊城。清王昶《金石萃編》一五五卷，記錄詳實，亦云黃華時為恩州判官。又見明趙崡《石墨鐫華》、盛時泰《元牘記》、清錢大

大定廿二年壬寅（西元一一八二年）卅二歲

九月壽州刺使訛里也等以受商賂，縱禁物出界，皆處死。十一月玉田縣令移剌查坐贓伏誅七十一。

昕《潛研堂金石文跋尾》。清孫星衍《寰宇訪碑錄》卷十：「〈博州重修廟學記〉王去非撰，王庭筠行書，大定廿一年六月山東聊城。」又清劉森木《寰宇訪碑錄校勘記》卷十一〈廟學記碑陰〉案語「王庭筠碑文原作『男王庭筠六月』，碑文下原有『晦日』二字。」碑文見《黃華集四》、清張金吾輯《金文最》卷三十五。本書第六頁圖依稀可見。又王去非文中既說王遵古是以「太子司經來倅博州」，即遵古是在大定廿一年（一一八一年）以前任太子司經，應是指顯宗為允恭太子時。章宗是大定廿六年立為皇太孫，即顯宗薨的第二年。太子司經是正八品的官。大定十三年（一一七三年），遵古任汾州觀察判官。通判州事判官從八品，而在博州為同知防禦使，就是正七品的官。詳見〈百官志三〉。

七十一 《金史》〈世宗本紀〉。

三月吏部尚書張汝霖為御史大夫[七十二]。

黃華題〈舍利塔詩〉[七十三]。

七十二 《金史》卷八十三〈張汝霖傳〉。

七十三 《寰宇訪碑錄》卷十頁十四有「〈超化寺題舍利塔詩〉山東長清。」注云：「王庭筠撰行書，大定廿二年。」金編〈黃華年譜〉按語：「《山東通志》、《歷城府志》皆不載此詩刻，惟《續通志》〈金石略〉載之，注云：『承安二年密縣』，豈訪碑錄有誤記耶？詩已見《中州集》，題曰「〈舍利塔〉是也。」又金氏輯錄《黃華集》卷七〈諸石刻〉，以〈超化寺題舍利塔詩〉與〈過超化寺詩〉，分列為二。前者為大定廿二年，在山東長清，後者在河南密縣，為承安二年作。並注云：「原按超化寺二詩刻於一石。」金氏按曰：「《訪碑錄》於密縣只著錄一詩者，殆因二詩刻於一石，未及細檢之故。」懂按：孫葆田等撰，一九一五年重印本《山東通志》與《寰宇訪碑錄》已著錄此詩刻，《續通志》〈金石略〉所載應即是〈過超化寺詩〉。《訪碑錄》卷十頁二十一著錄：「〈過超化寺詩〉，王庭筠撰行書。承安二年，河南密縣。」並無誤。是其被杖去職以後所作，有「吾道蕭條三已仕，此行衰病獨登臨。」之句，而〈舍利塔詩〉氣勢雄壯，想像力豐富，正是青年時期的作品。

大定廿三年癸卯（西元一一八三年）卅三歲

六月，世宗曰：「燕人自古忠直者鮮，遼兵至則從遼，宋人至則從宋，本朝至則從本朝。其俗詭隨，有自來矣。雖屢經遷變而未嘗殘破者，凡以此也。」[七十四]

九月，使譯經所進所譯易經、論語、孟子、老子、楊子、文中子、劉子及新唐書。（世宗）謂宰臣曰：「朕所以譯五經者，正欲女直人知仁義道德所在耳。」命頒行之[七十五]。

二月戊申，尚書右丞張汝弼攝太尉。七月，御史大夫張汝霖坐失糾舉，降授棣州防禦使。十一月，尚書右丞張汝弼為左丞參知政事，禮部尚

七十四 《金史》〈世宗本紀〉。

七十五 同前註。

書張汝霖為參知政事[七十六]。

黃華辭官歸隱，卜居隆慮。黃華之辭官，應如〈墓碑〉所云，是由於「碌碌常選，殊不自聊。」也就是擔任主簿如「簿書期會，隨俗俯仰」，協助縣令如「兼管常平倉及通檢推排」，這些工作的性質和他的才賦志趣不合。其次，執法嚴苛的政治風氣和他崇尚仁政的政治理想不合。第三點，是由於金制官吏昇遷不易，而且不公平。第四是由於金代對官吏極不尊重，輕則受杖刑，重則處死。黃華既不願意忍恥以就功名，自然會避辱遠引，隱於山林了。隱居期間有〈遊黃華山詩〉六首：〈帝

七十六《金史》〈世宗本紀〉，又卷八十三列傳二十一〈張汝霖傳〉：汝霖為御史大夫時，因高德溫案為世宗深責，汝霖跪謝久之。後又坐失出大興推官高公美罪，降授棣州防禦使。故其坐失糾舉雖在大定廿三年，但與黃華無關。實則黃華之出仕與歸隱均與汝霖、汝弼無關。金制頗嚴，大定元年制求仕官毋入權門，違者追一官降除，有所餽獻而受之者奏之。又大定九年世宗也談到「被薦者少有所犯則罪舉者，故人益畏而不敢舉。」

遺〉、〈手拄〉、〈王母〉、〈挂鏡〉、〈道人〉、〈一派〉、又〈棲霞觀〉一首、〈登林慮南樓〉二首等作，姑繫於此年。

元氏〈黃華墓碑〉說：「黃華蔚然，涵濃秀之氣，山有慈明，覺仁二寺，上下相去，不半里所，西抵鏡台，直鷄翅洪之懸流，幽林窮谷，萬景岔集，一水一石，皆峴閬間物，顧視塵世，殆不可一日居也。乃置家相下，買田隆慮，借二寺為棲息之地，時往嘯咏，若將終生焉。」對於黃華隱居的環境與生活，敘述生動翔實。

元氏又接敘黃華隱居期間，「悉力經史，務為無所不窺，旁及釋老家尤所精詣，學益博，志節益高，而名益重。」

除了個人的學術研究與文學藝術的創作，黃華又在官方的國子學、太學、廟學等之外，另有黃華書院，繼承了唐與北宋以來士人隱居教學的書院傳統。金代中葉以後，始成立五所書院，遠不及南宋的興盛。據明萬歷十五年（一五八七年）張應登撰〈重修黃華書院碑〉，這是中州書院中最早成立的。相隔四百年，重修的書院仍為黃華老人立祠崇祀。黃華山中的慈明、覺仁二寺，是他讀書憩息之地，慈明寺中有他的石刻像，可惜在一九三二年以前已不見。七十七

七十七 前已說明黃華於大定廿一年在恩州任上始計獲鄒四，其後調館陶為主簿，金制卅月為一任，故以任滿辭官退隱為大定廿三年。金毓黻編〈黃華年譜〉則以大定廿年庭筠卅歲時辭官退隱。並引元撰〈黃華墓碑〉云：「公早有重名，天下士夫想望風采，謂當一日九遷，乃今碌碌常選，殊不自聊，秩甫滿，單車徑去，卜居隆慮。周覽山川。……山居前後十年，得悉力經史，務為無所不窺，……學益博，志節益高，而名益重。」金氏又加按語：「《金史》〈本傳〉：『御史台言庭筠在館陶嘗犯贓罪，不當以館閣處之。』此先生去職之由也。元碑謂『秩甫滿，單車徑去。』為賢者諱，例應如是。」並按〈墓碑〉謂黃華山居前後十年，明昌元年再出，而據此推算黃華於大定廿年退隱。然而黃華既於大定廿一年仍在恩州任上，金制職事官以卅月為滿任，故〈墓碑〉所云「秩甫滿，單車徑去，卜居隆慮。」即是大定廿一年調館陶，廿三年滿任，始辭官歸隱。至於金氏据黃華本傳謂其在館陶犯贓罪為去職之由，而以元撰〈墓碑〉所云是「為賢者諱」，更是誤擇

史料、厚誣古人了。當從〈墓碑〉以黃華秩滿辭官為是。

金世宗極重吏治，尤惡貪黷，如前註七十一，坐贓者伏誅，完顏守能坐贓不至五十貫杖二百，大定十二年世宗詔贓污之官罷職，遼佐並須連坐。又大定七年世宗詔吏人但犯贓罪，雖會赦，非特旨不敘。故黃華如犯贓罪，如何能輕鬆自在地「單車徑去，卜居隆慮，周覽山川，……悉力經史，……學益博，志節益高，而名益重。」

黃華辭官的原因第三點可參看《金史》〈選舉制〉二、四，與〈世宗本紀〉中，第二點可參考〈刑志〉與〈酷吏列傳〉。又世宗大定十六年詔諸科人出身四十年方注縣令，年歲太遠，今後仕及卌二年，別無負犯贓染追奪，便與縣令。都是昇還不易的明證。

元氏〈黃華墓碑〉說他「置家相下，買田隆慮」。相下即相州，金代屬彰德府，故治在今河南省有安陽縣，隆慮即林慮山，在河南省林縣西，李見荃編《林縣志》卷七有明萬歷十五年張應登擬〈重修黃華書院院碑〉：「……林慮為河朔名山，自金學士王公庭筠選勝而來，為院校書。以黃華老人自命，後人沿之，遂名其院，是中州書院惟此為先。」黃華書院舊址在林縣西南黃華坊。書院自中唐以來即有藏書、校書、刻書的傳統。是教育以外，另一學術傳承的重點。顧炎武日知錄說：「宋元刻書皆在書院山長主之。」黃華在書院校書，可能就是山長的身份或是創辦人，所以後人立祠祭祀，並以其名號為書院名。

慈明院舊有黃華像刻石，後遺失。見李見荃編《林縣志》卷十四〈金石上〉。該《志》出版於一九三二年。

黃華山詩六首

一、帝遣名山護此邦，千家瑟瑟嵌西窗，山僧乞與山前地，招客先開四十雙。
二、手拄一條青竹杖，真成日挂百錢遊，夕陽欲下山更好，深林無人不可留。
三、王母祠東古佛堂，人傳棟宇自隋唐，年深寺廢無人住，滿谷西風栗葉黃。
四、挂鏡台西挂玉龍，半山飛雪舞天風，寒雲直上三千尺，人道高歡避暑宮。
五、道人邂逅一開顏，為借笻枝策我孱，幽鳥留人還小住，晚風吹破水中山。
六、一派湍流漱石崖，九峰高倚翠屏開，筆頭滴下煙嵐句，知是棲霞觀裡來。

（以上見《續河南通志》）

登林慮南樓

殿閣偏宜落照間，倚天無數玉潺湲，黃華墨竈知名寺，荊浩關仝得意山，
遊子也如紅樹老，殘僧偶為白雲還，人生見說功名好，不博南樓半日閒。
戶牖憑高可散愁，石田碁布青林稠，西山萬古礙新月，南風六月生涼秋，

大定廿四年甲辰（西元一一八四年）卅四歲

世宗將如上京，皇太子允恭守國，時諸王皆從，以趙王允中留輔太子[七十八]。

大定廿五年乙巳（西元一一八五年）卅五歲

六月，太子允恭薨，世宗大慟。允恭孝友淳厚，仁德愛民。十二月皇孫金

見說官閒百無事，不妨客至一登樓，揚州騎鶴亦何有，誠哉不負三年留。
（詩據《續河南通志》卷七十四〈藝文志〉。）

棲霞觀

偶尋溪水到仙宮，身世渾疑是夢中，
風動霓旌高飄渺，烟籠瑤樹鬱青蔥，
會聞白鶴歸華表，試為丹砂問葛洪，
明日維舟重相訪，桃花滿路失西東。（詩據《河南通志》卷五十〈寺觀〉）

七十八　《金史》〈世宗本紀〉。世宗子永中、永功都是元妃張氏所生。

源郡王麻達葛進封原王。完顏允恭（一一四六—一一八五）年十七立為皇太子。授業於名儒鄧松，習儒文，尊儒術，亦好詩文，書丹青。不幸卒於三十九歲之盛年，謚顯宗。七十九

左丞相完顏守道、左丞張汝弼、參知政事張汝霖等坐擅增諸皇孫食料，削官一等。

大定廿六年丙午（西元一一八六年）卅六歲

八月，世宗謂宰臣曰：「親軍雖不識字，亦令依例出職，若涉贓賄，必痛絕之。」又曰：「朕於女直人未嘗不知優卹，然涉於贓罪，雖朕子弟，亦不能恕。」十月，定職官犯贓，同職相糾察法。

五月，以大興尹原王麻達葛為尚書右丞相，賜名璟。十一月，立右丞相原

七十九　《金史》〈世宗本紀〉、又卷十九〈顯宗本記〉。

王璟為皇太孫[八十]。原王璟之父顯宗、母孝懿皇后均喜好文學藝術，故為之請儒士徐孝美、張暐、許安仁與庭筠之父王遵古侍講讀，又有女真學士完顏匡等教女真文字，故其詩詞文章造詣俱佳。即位後於漢人文學藝術之提倡不遺餘力。書法則學宋徽宗瘦金體，後世甚至訛傳金章宗是宋徽宗的外孫。

二月，世宗謂尚書省未嘗薦士。五月，尚書左丞張汝弼罷。六月，參知政事張汝霖為右丞。世宗謂宰執薦舉人材為當今急務，又謂當以德行之士最優。

大定廿七年丁未（西元一一八七年）卅七歲

二月，世宗謂宰執未嘗盡言。十月又云：「近時台諫皆指責一二細碎事，姑以塞責。」

八十 以上並見《金史》〈世宗本紀下〉。

十二月，禁女直人改稱漢姓，學南人衣裝，犯者抵罪[八十一]。

正月，以襄城令趙渢為應奉翰林文字。世宗謂宰臣學士院比舊殊無人材。右丞張汝霖曰：「人材須作養，若令久任練習，自可得人。」三月，世宗又謂大臣：「卿等當不私親故，而特舉中正之人。」

張汝弼卒[八十二]。

八十一　同前註。參見姚從吾〈女真漢化的分析〉《姚從吾先生全集》台北正中書局，一九八一，一六三—一九八頁。

八十二　《金史》卷八十三〈張汝弼傳〉：汝弼為正隆二年進士，父玄徵與黃華外祖張浩同曾祖，妻高氏與世宗母有屬，世宗納玄徵女為次室，是為元妃張氏，生允中永功。世宗朝，汝弼屢居要津，曾任左丞相。世宗嘗曰：「汝弼久居執政，練習制度，頗能斟酌人材，而用心不正。」〈本傳〉史官論其「為相不能正諫，上所欲為則順而導之，所不欲為則微言以觀其意。上責之，則婉辭以引過，終不忤之也，而上亦知之。且黷貨，以計取諸家名園甲第珍奇玩好，士論薄之。」

大定廿八年戊申（西元一一八八年）卅八歲

四月，建女直大學。五月，制諸教授必以宿儒。世宗對於女直文化的提昇也是不遺餘力。

十二月，世宗不豫，張汝霖等宿於內殿。世宗談舉薦人材入翰苑，又深責張汝霖等未能知人善任，未盡言責。八十三

八十三 《金史》〈世宗本紀〉：「（世宗）命隨朝六品、外路五品以職事官舉進士，已在仕才可居翰苑者，試制詔等文字三道，取文理優贍者補充學士苑職仕，應赴部求仕。」十一月，上曰：「日月賢考，所以待庸常之人，若才行過人，豈可拘以常例。國家事務，皆須得人，汝等不能隨才委使，所以事多不治。朕固不知用人之術，汝等但務循資守格，不思進用才能，豈以才能是用，將奪己之祿位乎？不然，是無知人之明也。」群臣皆曰：「臣等豈敢蔽賢，才識不逮耳。」上顧謂右丞張汝霖曰：「前世忠言之臣何多？今日何少也？」汝霖對曰：「世亂則忠言進，承平則忠言無所施。」上曰：「何代無可言之事，但古人知無不言，今人不肯言耳。」汝霖不能對。

黃華至河南林慮山五松亭舊址，後因縣丞李弼之請，作〈五松亭記〉。文中有：「戊申之春，庭筠嘗一到其亭上。」故繫於此年[八十四]。

大定廿九年己酉（西元一一八九年）卅九歲

正月癸巳金世宗薨[八十五]，皇太孫璟即位，是為章宗。二月誥詞始用四六，

八十四　顧燮光《河朔訪古新錄》：「五松亭在（洪谷山）西南岡，今已廢。金王庭筠撰〈五松亭記〉，碑陰貞祐丁巳劉濤所作〈五松亭詩〉，正書已委諸蔓草，字已磨滅。」該書出版於一九三〇年，見新文豐出版《石刻史料新編》第二輯十二冊八九〇五頁。

懂按：「丁巳」是金熙宗天會十五年，此處應是「丁丑」（西元一二一七年），據王宏民編《林州現存古今碑刻集》，二九五頁，「此碑高一點五米，寬零點七三米，現在合澗鎮南庵溝，謝公祠對面山坡五松亭遺址。」

八十五　《金史》〈世宗本紀下〉：「贊曰：『世宗久典外郡，明禍亂之故，知吏治之得失。即位五載而南北講好，與民休息。於是躬節儉，崇孝弟，信賞罰，重農桑，慎守令之選，嚴廉察之責，……可謂得君之道矣。當此之時，群臣守職，上下相安，家給人足，倉廩有餘。

京府州鎮設學校，章宗重視教育，令推舉人材。且於十月中謂平章政事張汝霖「翰林闕人。」章宗之極力求取人才也是延續世宗的政策[八十六]。

二月，南宋孝宗傳位光宗。六月，孝宗崩。

黃華應縣丞李弼之請，作〈五松亭記〉，五松亭在林縣西南鉷谷山[八十七]。

刑部歲斷死罪或十七人，或廿人，號稱小堯舜。』」贊語對於世宗治內國家安定和平，吏治、經濟、法令、教育等各方面的發展，都可說是金代一百廿年中的黃金時期，而黃華卻於大定廿二年歸隱於黃華山，度過了他個人在文學與藝術創作上快樂的十年。

八十六 世宗崩，章宗即位於柩前。《金史》卷九〈章宗本紀〉，十月，章宗謂宰臣曰：「翰林闕人。」平章政事（張）汝霖對曰：「鳳翔治中郝俁可。」並不推薦黃華。十一月，章宗又言朝廷太拘資歷，故未能得人。而章宗即位之初即用四六體之駢文為皇帝對臣下頒布的正式文書，可以看出他的文學品味與好尚。

八十七 據金氏編〈黃華年譜〉，以黃華〈五松亭記〉、〈李輔之得鄭南城注雨瓦筒以之支琴〉詩、與〈知勝亭記〉，並繫於此年，今從之，以〈五松亭記〉列年譜大定廿九年。後二者因年代難以斷定，僅推斷其為隱居黃華期間所作，故只入註文。黃華作〈知勝亭記〉見金末劉祁於一二四三年金亡後作〈遊林慮西山記〉：「舊有亭，號知勝。王子端作記，今無餘跡。」

五松亭記

林慮西山橫絕百里，隱然猶臥龍，洪峪為首，天平為脊，黃華為脅，魯班門為尾，迤邐而北去，退而望之，半天壁峙。疑若無路，蓋窮探其肺腑，益深而益奇，黃華之佛祠，天平之道宮，今為墟矣，惟洪峪寶巖寺為獨完。寺創於高齊天保初，至本朝大定中，寶公革為禪居，鐘鼓清新，林泉改色，始為天下聞寺。李輔之丞此邑也，初入寺，愛之不能歸，久之，歎曰：「寺固美矣，然樹林蒙密，屋宇蔽虧，而遊目騁懷者，有所未盡，必當得其全。」遂絕溪而南，陟南山而東，下臨斷壑，有平地數尋，若壇址然，喬松五章挺立其側。山僧曰：「此地名五松亭，舊矣，而實未嘗有亭焉。」豈前人欲有為而未遑者歟，其或者有所待歟，輔之笑曰：「此留以遺我也。」於是經之營之，未幾，斷手簷桷，翼然出於蒼髯之間。亭則維新，名則仍舊。戊申之春，庭筠嘗一到其亭上，其東則山門呀如，川阜透迤，乍明又晦，滅沒無際。其北則巍堂修廡，隆樓傑閣，駢列層見，澗竹巖花，諸山繚然窈然，嶄然萃然，旁立向背，俯仰吞吐，連綿絡繹，呈巧獻怪，大略皆退之南山詩中所謂。或如云云者，而詩尚未盡也。乃知輔之之善發其祕，此亭之得全，而有功於此山也。吾歷山多矣，求其奇秀與此比者，纔一二數。即山中求之，其華隱妙巧，與人意會者，亦無如此亭焉。加我數年，婚嫁事畢，歸作亭之主人，看夕月之龍蛇，聽夜風之琴筑，便當不減陶隱居。溪水在此，吾不食言。輔之乞文於吾，以為記。於是山已結是緣，雖不吾乞，尚為之。輔之燕人，名弼，輔之其字也。清慎有禮，敏於政事。（《河南通志》又《金文雅》引）

〈五松亭記〉除了生動地描述山林之奇秀，相關人物創建山寺與亭的歷史，黃華更說到自己對五松亭的熱愛。他說：「加我數年，婚嫁事畢，歸作亭之主人。看夕月之龍蛇，聽夜風之琴筑，便當不減陶隱居。」而〈墓碑〉云：「夫人張氏亦太師（張浩）女孫。子男三人：萬安、萬孫、萬吉皆早卒。女三人，長曰從淨，幼為女官，公歿後以能詩召見，特加敬異。次曰琳秀，入侍掖庭。季女幼在室。公既無子，以弟庭掞之次子萬慶為之後，以蔭補官。」讀〈墓碑〉知其三子皆早卒，二女入宮，季女未婚，似都在作〈五松亭記〉「加我數年，婚嫁事畢」之後，亦即卅八歲中年以後。

〈李輔之得鄴南城注雨瓦筒以之支琴〉是一首七言古詩，李輔之即請黃華寫〈五松亭記〉的縣丞李弼。據《彰德府志》〈鄴中記〉：「北齊起，鄴南城屋瓦，皆以胡桃油油之，光

章宗明昌元年庚戌（西元一一九〇年）四十歲

明不蘚。瓦筒用在覆，故油其背，版瓦用在仰，故油其面。筒瓦長二尺，闊一尺。版瓦之長如之而其闊倍。今得其真者當油處必有細紋，俗曰琴紋。有白花曰錫花。……其紀年非天保則興和，蓋東魏北齊也。」興和是東魏孝靜帝年號(西元 539-542)東魏都鄴，今河南臨漳。

李輔之得鄴南城注雨瓦筒以之支琴

鄴城城南青雀來，五樓突兀肩三臺，
胡桃萬瓦淨如水，春陰不敢生莓苔，
簷雨闌干三百尺，多年雨嚙空階石，
繁華已逐水東流，斷甓時從耕苗得，
可憐此君落君手，愛之不博連城璧，
錫花如雪錯菱花，小字興和猶可識，
晴窗拂拭支桐君，上下一般蛇蚹紋，
哀蟬遽止不成弄，千古雨聲愁殺人。

十二月，平章政事張汝霖卒八十八。

正月壬戌，章宗以刑部尚書完顏守貞為參知政事。三月，章宗諭旨學士院曰：「王庭筠所試文句太長，朕不喜此，亦恐四方傚之。」又謂平

八十八 《金史》卷八十三〈張汝霖傳〉、並參前（註四十、四十一、六十九、七十二、八十一、八十四），汝霖是黃華舅父，其父浩於海陵貞元元年拜尚書右丞相，二年賜汝霖進士及第。浩嘗稱之為「吾家千里駒。」世宗朝迭任要職，及世宗不豫，汝霖受顧命。章宗即位，加銀青榮祿大夫，進封莘，三月上表乞致仕不許，十二月卒，謚曰文襄。其本傳曰：「汝霖通敏習事，凡進言必揣上微意，及朋附多人為說，故言不忤而似忠也。初章宗新即位，有司言改造殿庭諸陳設物，日用繡工一千二百人，二年畢事。帝以多費意輟造，汝霖曰：『此非上服用，未為過侈，將來外國朝會，殿宇壯觀，亦國體也。』其後奢用浸廣，蓋汝霖有以導之云。」張汝霖一生顯達，雖偶觸上怒，或加斥黜，但能屈能伸，能揣摩上意，故與從兄汝弼終生富貴榮華，然而史家和士論對他們的評價都不高。反觀王遵古與庭筠父子，雖然官運不及汝霖、汝弼亨通，但卻都是史家與士論公認為文行兼備的君子。

章張汝霖曰：「王庭筠文藝頗佳，然語句不健。其人才高，亦不難改也。」四月，召庭筠試館職中選。御史台言庭筠在館陶嘗犯贓罪，不當以館閣處之，遂罷。是年十二月，章宗語及學士，嘆其乏才，參政守貞曰：「王庭筠其人也。」[八十九] 以書畫局都監召[九十]。

八十九　引文自《金史》卷九〈章宗本記〉、卷一二六列傳第六十四〈文藝傳下〉。可見章宗為充實翰苑而屬意黃華的情形。據元氏撰〈黃華墓碑〉、庭筠隱於黃華，前後十年，「得悉力經史，務為無所不窺，旁及釋老家，尤所精詣。學益博，志節益高，而名益重。」黃華在文學與藝術方面的傳世之作都少，他對於經史、哲理、宗教方面的思辨論著，應該在他所著的〈藂辨〉十卷和〈文集〉四十卷中，可惜早已失傳。而章宗之屬意黃華，應是他這時已是名重天下之故。有關辨正館陶犯贓的指控，已見前大定廿三年譜文與註七十七。

九十　據〈黃華墓碑〉：「明昌初用薦者，以書畫局都監召，俄授應奉翰林文字。」薦者即是參政完顏守貞。如《金史》〈完顏守貞傳〉，章宗曾問及司吏移轉。守貞曰：「今吏權重而積弊深，移轉為便。」章宗又嘆文士無如黨懷英者，守貞奏：「進士中若趙渢、王庭筠

明昌二年辛亥（一一九一年）四十一歲

正月，皇太后崩，吳王允成、隋王永升以奔赴失期，罰俸一月，其長史笞五十。漢王永中以疾失期，上諭使回。四月癸巳，諭有司自今女直字直譯為漢字。國史院專寫契丹字音罷之。己亥，學士院新進唐宋人詩文集廿六部。五月，詔諸郡邑文宣王廟、風雨師、

甚有時譽。」〈章宗本記〉

既云守貞於明昌元年十二月才推薦黃華，則其成為書畫局都監可能是在明昌二年初。到了明昌三年才昇任應奉翰林文字。外山軍治在〈章宗收藏の書畫にいりて〉《金朝史研究》中，則以黃華在明昌三年任書畫局都監，應是從《金史》〈文藝傳〉的資料。書畫局都監隸屬秘書監，據《金史》〈百官志〉是正九品官，而應奉翰林文字是從七品的官。〈文藝傳〉說「（明昌）三年詔為應奉翰林文字，命與秘書郎張汝方品第法書名畫。」〈墓碑〉則云：「明昌初用薦者，以書畫局都監召，俄授應奉翰林文字。……」在時間順序上，前者不如後者合理。

社稷神壇隳廢者復之。

六月，禁稱本朝人及本朝言語為蕃，違者杖之。十一月，制諸女直人不得以姓氏譯為漢字[九十一]。

九月，封芮國公參知政事完顏守貞為尚書左丞知大興府事[九十二]。

黃華任書畫局都監，與舅父張汝方品第法書名畫[九十三]。分入品者五五二

九十一　以上見《金史》卷九〈章宗本記〉。諸王因奔赴皇太后喪失期被罰，可看出章宗對宗室的嚴苛。而女直語直譯漢字，罷契丹字音，則可看出北方異族入主中國在文字語言上傳承轉折的漢化歷程。參見註一百零五。

九十二　同前註。又《金史》卷七十三〈完顏守貞傳〉：「守貞本名左靨，（海陵）貞元二年襲祖谷神謀克。世宗謂侍臣曰：『守貞勳臣子，又有材能，他日可用也。』章宗即位，召為刑部尚書，兼右諫議大夫，又拜參知政事。時上新即政，頗銳意於治，嘗問漢宣帝綜核名實之道，其施行之實果如何？守貞誦樞機周密，品式詳備以對。上曰：『行之果何始？』守貞曰：『在陛下勵精無倦耳。』久之，進尚書左丞。」

九十三　〈墓碑〉的資料更豐富：「庭筠書鑒既高，又嘗被旨與舅氏宣徽公汝霖（應是汝方）品

卷，章宗收藏既精且富，當以黃華之貢獻為主，其為十二世紀末北方中國書畫鑑識之權威，自不待言[九十四]。

九十四

第祕府書畫，因集所見與士大夫家藏前賢墨跡，古法帖所無者摹刻之。號《雪溪堂帖》一十卷。」惜已亡佚。

張汝方也是庭筠舅父，字仲賢，號丹華老人，累官至右宣徽使。

據《金史》卷五十五〈百官志〉，應奉翰林文字隸屬於翰林學士院，掌詞命文字，工作性質與品第書畫不同，位階也較高。所以是先任書畫局都監，再任應奉翰林文字。

黃華任館陶主簿即是正九品，但是由外任的州縣主簿，轉為隨朝的京官，書畫局都監的工作性質也符合他的才學和聲望。〈本傳〉說他和舅父張汝方品第法書名畫，遂分入品者為五五〇卷。說明了他任書畫局都監時的工作性質，並不是像〈百官志〉中說的「掌御用書畫紙札」，而是「品第法書名畫」的藝術鑑賞工作。章宗酷愛中國書畫，收藏既精且富，應是黃華之功。黃華對於我國書畫藝術，除了本身創作的傑出地位，鑑賞方面，在十二世紀末北方中國的金朝，也具有極其重要的地位。

明昌三年壬子（西元一一九二年）四十二歲

四月，完顏守貞以旱災上表乞解職。五月，罷尚書左丞。出知東平府事[九十五]。八月，章宗以軍民不和，吏員姦弊，詔四品以下、六品以上集議於尚書省，各述所見以聞。甲辰，集三品以下、六品以上官，問以朝政得失，及民間利害，令各書所對[九十六]。

九十五　見註九十一，又〈完顏守貞傳〉、卷一百〈路鐸傳〉：「完顏守貞每論政事，守正不移，與同列不合，罷知東平府事，台諫因而擠之。鐸上書言守貞賢，可復用。其言太切，召對於崇政殿，既而章宗以鐸書語大臣。……胥持國奏路鐸以梁冀比右丞相，所言狂妄，不稱諫職。右丞相夾谷清臣也。上曰：『周昌以桀紂比漢高祖，高祖不以為忤。路鐸以梁冀比丞相耳。』頃之，守貞入為平章政事。」參見卷九十五〈董師中傳〉。這一段最能看出章宗初年的勵精圖治，朝廷中的傾軋衝突，與台諫監察之淪為政治鬥爭的工具。

九十六　《金史》〈章宗本紀〉。

黃華任應奉翰林文字[九十七]。

明昌四年癸丑（西元一一九三年）四十三歲

三月，以工部尚書胥持國為參知政事[九十八]。李師兒封為昭容[九十九]。

六月，以西京留守完顏守貞為平章政事，封蕭國公。[一百]

九十七 參見註九十、九十一。

九十八 《金史》卷一二九〈佞幸傳〉：「持國為人柔佞有智術，初，李妃起微賤，得幸於上。持國久在太子宮，素知上好色，陰以密術干之，又多賂遺妃左右用事人，妃亦自嫌門第薄，欲藉外廷為重，乃數稱譽持國能，由是大為上所信任，與妃表裡管擅朝政，誅鄭王永蹈、鎬王永中、罷黜完顏守貞等事，皆起於李妃、持國。士之好利躁進者，皆趨走其門下，四方為之語曰：『經童作相，監婢為妃。』惡其卑賤庸鄙也。」

九十九 《金史》卷六十四〈后妃傳下〉：「元妃李氏師兒，其家有罪，沒入宮籍，監父湘，母王盼兒皆微賤，大定末以監戶女子入宮。……章宗好文辭，妃性慧黠，能作字，知文義，尤善伺候顏色，迎合旨意，遂大愛幸，明昌四年封為昭容。」

章宗論「察舉官吏者皆先才而後德，巧猾之徒，雖有贓污，一旦見用，猶為能吏，此廉恥所以喪也。」[一百零一]對於舊有贓污罪者，更加以道德上的譴責。

一百 《金史》卷九十五〈董師中傳〉：「初，完顏守貞改為西京留守，朝京師，上欲復用。監察御史蒲剌都等糾彈數事，師中辨其誣，而舉守貞正人可用，守貞由是復拜平章政事。及守貞以罪斥，上曰：『向薦守貞者應降黜，如董師中言台省無此人不治。路鐸、李敬義亦嘗推舉，可左遷於外，然三人者後俱可用，今姑出之，以正失舉罪。』」〈完顏守貞傳〉：「章宗御後閤召守貞曰：『朕以卿乃太師所舉，故特加委用，然比者行事多太過，門下人少慎擇，復與丞相不協，是以令卿補外。……茲故召用，卿其勉盡乃心，與丞相議事宜相和諧，率循舊章，無輕改革。』」從上引文可知完顏守貞之罷，是與當權的胥持國不和有關。庭筠所作〈西京留守廳題名記說〉可能作於完顏守貞任職西京時，文見於〈秋澗先生大全文集〉卷九十七。金毓黻編《黃華集》卷一，按語謂此文恐是節錄。

一百零一 《金史》〈章宗本紀〉。

三月，制定民習角觝槍棒罪。敕女直進士及第後仍試以騎射，中選者升擢之[一百零二]

十二月，鄭王永蹈以謀反伏誅[一百零三]。

明昌五年甲寅（西元一一九四年）四十四歲

正月乙丑，昭容李氏進位淑妃[一百零四]。

一百零二 同前註。金為征服王朝，故鼓勵本族人習武，一般民眾則不可習武。

一百零三 鄭王永蹈為世宗子，元妃李氏所生，本名銀朮可，初名石狗兒，明昌二年徙封鄭王，因相士郭諫勸說謀反，為家奴上變，詔完顏守貞、胥持國等審問，牽連甚眾，久不能決，章宗怒，召問守貞等，右丞相夾谷清臣奏宜速決，以安人心，於是賜永蹈與其家人自盡，郭諫等伏誅。自是諸王防禁更嚴。事見《金史》卷八十五〈世宗諸子傳〉。

一百零四 《金史》卷六十四〈后妃傳下〉：「妃父湘追贈金紫光祿大夫，上柱國隴西郡公，祖父曾祖父皆追贈。兄喜兒舊嘗為盜，與弟鐵哥俱擢顯近，勢傾朝廷，風采動四方，射利競進

乙亥，以葉魯谷神始製女直字，詔加封贈立祠。谷神即完顏希尹，是守道、守貞、守能的祖父[一百零五]。

丁酉，詔購求崇文總目內所闕書籍，戊子，置弘文院譯寫經書[一百零六]。

十月庚戌，張汝弼妻高陀斡以謀逆伏誅[一百零七]。

之徒爭趨走其門。胥持國依附以致宰相，怙財固位，上下紛然，知其姦蠹，不敢擊之，雖擊之莫能去也。……自欽懷皇后沒世，中宮虛位久，章宗屬意李氏，……而李氏微甚，至是章宗果欲立之，大臣固執不從，台諫以為言，帝不得已，進封為元妃，而勢位重赫，與皇后侔矣。」

一百零五　《金史》卷七十三〈完顏希尹傳〉：「完顏希尹本名谷神，歡都之子也。自太祖舉兵常在行陣，或從太祖，或從撒改，或與諸將征伐，比有功。金人初無文字，國勢日強，與鄰國交好，迺用契丹字。太祖命希尹撰本國字，備制度，希尹乃依倣漢人楷字，因契丹字制度，合本國語，製女真字。天輔三年八月字書成，太祖大悅，命頒行之。……其後熙宗亦製女真字，與希尹所製字俱行用，希尹所撰謂之女真大字，熙宗所撰謂之小字。」

一百零六　《金史》〈章宗本紀〉。章宗購求書籍，譯寫經書，都是極力追求漢化的表現。

宋光宗以疾禪位寧宗，十一月，光宗崩。

十二月辛酉，平章政事完顏守貞罷[一百零八]。

一百零七 張汝弼父玄徵，母高氏與世宗母貞懿皇后有屬。世宗納玄徵女為次室，是為元妃張氏，生允中。據《金史》卷八十三〈張汝弼傳〉：「汝弼既與允中甥舅，陰相為黨。章宗即位，汝弼妻高氏每以邪言怵永中覬非望，畫永中母像侍奉祈祝，使術者推算永中。有司鞫治，高氏伏誅。」

一百零八 完顏守貞罷相的近因是由於高陀斡與鎬王允中獄。章宗猜忌宗室，故在守貞與大臣、和胥持國與李妃，這兩股「外朝」與「內廷」的勢力鬥爭中，章宗深責守貞，因而罷相。如《金史》卷七十三〈完顏守貞傳〉：「守貞讀書通法律，明習國朝故事。時金有國七十年，禮樂刑政因遼宋舊制，雜亂無貫，章宗即位乃更修正為一代法，其儀式條約多守貞裁訂，故明昌之治號稱清明。又喜推轂善類，接援後進，朝廷正人多出入門下。先是上以疑忌誅鄭王永蹈，後張汝弼妻高陀斡獄起，意又若在鎬王永中。時右諫議大夫賈守謙上疏陳時事，思有以寬解上意，右拾遺路鐸繼之，言尤切直，帝不悅。守貞持其事，獄久不決，帝疑有黨，乃出守貞知濟南府事，仍命即辭。前舉守貞者董師中、路鐸皆令補外。上語宰臣曰：『守貞固有才力，至其讀書，方之真儒則未也。然太邀權譽，以彼之

韓玉字溫甫，中經義、詞賦二科進士，為應奉應制，與黃華為友[一百零九]。

[一百零九] 才，而能平心守正，朝廷豈可少離？今茲令出，蓋思之熟矣。』俄以在政府日嘗與近侍竊語宮掖事，而妄稱奏下。上命有司鞫問，守貞款伏，奪官一階，解職。遣中使持詔責諭之曰：『挾姦罔上，古人常刑，結援養交，臣之大戒。孰謂予相乃蹈厥辜。爾本出勳門，寖登膴仕。朕初嗣位，亟欲用卿，未閱歲時，升為宰輔。每期納誨，共致太平。蓋求所長，不考其素。拔擢不為不竣，任用不為不專，曾報效之弗思，輒私權之自樹。交通近侍，密問起居，窺測上心，預圖趨向。繇患失之心重，故欺君之罪彰。指所無之事，而妄以肆誣，實未始有言，而謂之嘗諫。義豈知於歸美，意專在於要君，其飾詐之若然，豈為臣之當耳。復觀彈奏，益見私情。求親識之援而列布宮中，縱罪廢之餘而出入門下。而又凡有官使，斂為己恩，謂皆涉於回邪，不宜任之中外，質之清議，固所不容，揆之乃心，烏得無愧，姑從輕典，庸示薄懲。』仍以守貞不公事宣諭百官於尚書省。」又參見卷一百〈路鐸傳〉。

〈韓玉傳〉見《金史》卷一百。〈黃華墓碑〉云：「從之游者，如韓溫甫、路元亨、張晉卿、李公度。」韓玉字溫甫，建功立業，竟因讒被殺於大安三年後，士論冤之。子不疑以父死非罪，誓不祿仕。

八月，章宗謂宰執曰：「應奉王庭筠，朕欲以詔誥委之。其人才亦豈易得。近黨懷英作長白山冊，文殊不工。聞文士多妒庭筠者，不論其文，顧以行止為訾。大抵讀書人多口頰，或相黨。昔東漢之士與宦官分朋，固無足怪，如唐牛僧儒、李德裕、宋司馬光、王安石均為儒者，而互相排毀，何耶？」遂遷庭筠為翰林修撰[一百一十]。

明昌六年乙卯（西元一一九五年）四十五歲

四月，以修河防工畢，參知政事胥持國進官二階，任尚書右丞[一百一十一]。

五月，判平陽府事鎬王永中以罪賜死，并及二子[一百一十二]。

一百一十　《金史》卷一二六〈文藝傳下〉黃華本傳，又元撰〈墓碑〉。黃華雖已名滿天下，文士也多有妒之者，章宗則力排眾議，極力拔擢。翰林修撰是從六品的官，執掌和正五品的翰林待制同，分掌詞命文字。見〈百官志一〉。

一百一十一　《金史》〈章宗本紀〉。

一百一十二　《金史》卷八十五〈世宗諸子〉鎬王永中傳：「明昌二年孝懿皇后崩……永中適有寒疾不能至，上怒，頗意諸王有輕慢心，遣使責永中，嫌忌自此始矣。明昌三年判平陽府事，進封鎬王。初置王傅府尉官，名為官屬，實檢制之也。府尉希望風旨，過為苛細。永中自以世宗長子，且老矣，動有掣制，情思不堪，殊鬱鬱，乃表乞閑居，詔不許。四年，鄭王永蹈以謀逆誅，增置諸王司馬一員，檢察門戶出入，毬獵游宴皆有制限，家人出入皆有禁防。河東提刑判官把里海坐私謁永中，杖一百，解職。前近侍局副使裴滿可孫嘗受永中請託為石古乃求除官，可孫已改同知西京留守，猶坐免。故尚書右丞張汝弼，永中母舅也。汝弼妻高陀斡自大定間畫永中母像，奉之甚謹，挾左道為永中求福，希覬非望。明昌五年，高陀斡坐詛祝誅，上疑事在永中，未有以發也。會鎬王傅尉奏永中第四子阿離合懣因防禁嚴密，語涉不道，詔同簽大睦親府事帝、御史中丞孫即康鞫問。并求得第二子神徒門所撰詞曲有不遜語。家奴德哥首永中嘗與侍妾瑞雪言：『我得天下，子為大王，以爾為妃。』詔遣官覆按，狀同。再遣禮部尚書張暐、兵部侍郎烏古論慶裔覆之。上謂宰臣曰：『鎬王祇以語言得罪，與永蹈罪異。』參知政事馬琪曰：『永中與永蹈罪狀雖異，人臣無將則一也。』上曰：『大王何故輒出此言？』左丞相清臣曰：『素有妄想之心也。』詔以永中罪狀宣示百官雜議，五品以下附奏，四品以上入對便殿。皆曰請

十二月，應奉翰林文字趙秉文上書論姦欺[一百一十三]。牽連庭筠、周昂，後

論如律，惟宮籍監丞盧利用乞貸其死。詔賜永中死，神徒門、阿離合懣等皆棄市。……永中子孫禁錮自明昌至于正大末，幾四十年。天興初詔弛禁錮，未幾，南京亦不守云。」章宗猜忌宗室，於此可見。

[一百一十三] 參見註二十五，又《金史》卷一一〇〈趙秉文傳〉、劉祁《歸潛志》卷一、卷七。秉文為庭筠薦舉任應奉翰林文字，上書言完顏守貞當大用，胥持國當罷。章宗召問，言頗差異。於是命知大興府事內族膏等審問。秉文初不肯言，詰問其僕，歷數交遊者，秉文乃曰：「初欲上言，嘗與修撰王庭筠、御史周昂……等私議。」庭筠等皆下獄決罰有差。有司論秉文上書狂妄，法當追解。章宗不欲以言罪人，遂持免焉。當時為之語曰：「古有朱雲，今有秉文，朱雲攀檻，秉文攀人。」士大夫莫不恥之。坐是久廢。傳末贊曰：「楊雲翼、趙秉文金士巨擘，其文墨論議、以及政事，皆有足傳。……景略、庭筠之累，秉文所為，茲事大愧高允。」

周昂為黃華友人，有詩〈利涉道中寄子端〉，極其真實生動有趣：「行武昌，望利涉，高青煙，低白雪，岡陵瀰漫溝澮滅，氤氳冷日從東來，照我清影，忽作溪水臥明月，凌競羸馬蝟毛縮，詰曲微行蛇腹裂，遺鞭脫鐙初不知，指僵欲墮骨欲折，氈裘毛襪良可念，

皆被杖下獄。

承安元年丙辰（西元一一九六年）四十六歲

宗端修為監察御史，是時元妃李氏兄弟干預朝政，端修上書乞遠小人。上遣李喜兒傳詔問端修小人為誰，其以姓名對。端修對曰：「小人者李仁惠兄弟。」仁惠，喜兒賜名也。喜兒不敢隱，具奏之。上雖責喜兒兄弟而不能去也一百一十四。

我自無備誰從輟，人家土榻借微暖，坐久清冰落鬢頰，黃華臞仙怯風馭，久向笙歌窟中蟄，徑須持此遠相餉，一洗夜堂花酒熱。」（《中州集三》）。周昂雖羨慕庭筠居家有笙歌花酒，但也提到他的瘦弱，「黃華臞仙怯風馭。」

一百一十四 見《金史》卷一〇〇〈宗端修傳〉。端修字平叔，章宗為避睿宗諱，改宗氏為姬氏。端修好學喜名節，中大定廿二年進士第。

黃華坐趙秉文上書事削一官，杖六十，解職[一百一十五]。作詩〈獄中賦萱〉、〈獄中見燕〉、〈被責南歸至中山〉、〈贈益公和尚還超山〉、〈題南山友雲亭〉、〈開化寺詩〉[一百一十六]。

一百一十五　同註一一一，《金史》〈趙秉文傳〉、〈文藝傳下王庭筠傳〉、《元好問全集》。〈王黃華墓碑〉云：「先生之於人，少有可取，極口稱道，他日雖百負之不恨。」又劉祁《歸潛志》卷十：「初趙秉文由外官為王庭筠所薦入翰林，既受職，遽上言云：『願陛下進君子、退小人。』上召入宮，使內侍問今君子小人為誰？秉文對：『君子故相完顏守貞，小人今參政胥持國也。』上復詰問：『君何以知此二人為君子小人？』秉文遑迫不能對，但言：『臣新從外來，聞朝廷士大夫議論如此。』上聞之大怒，因窮治其事，故王庭筠等俱下吏。翌日有旨庭筠坐舉秉文杖七十，左貶外。秉文狂愚，為人所教，止以本等外補。」《歸潛志》所記較《金史》〈趙秉文傳〉、〈文藝傳〉及〈墓碑〉較詳而略異。

一百一十六　黃華詩詞傳世者以這幾首年代較明確，其中〈獄中賦萱〉是在專制王朝宮廷與外朝的險惡鬥爭中，暗自慶幸母親安然無恙，而又思念父母，清淚如雨的至情之作。〈被責南歸至中山〉除了訴說自己的創痛，親老家貧的無奈，更表現了他對章宗知遇之感。感情複雜而豐富。

〈獄中賦萱〉：「沙麓百戰場，烏鹵不敏樹，況復幽圄中，萬古結愁霧，寸根不擇地，於此生意具，婆娑綠雲杪，金鳳掣未去，晚雨沾濡之，向我泫如訴，忘憂定漫說，相對清如雨。」黃華之母張氏與世宗元妃張氏為堂姊妹，與張汝弼妻高氏為堂姑嫂。明昌六年鎬王允中以罪賜死，并及二子。鎬王允中即元妃張氏所生。先是，明昌四年鄭王永蹈與其家人以謀逆賜死，明昌五年張汝弼妻高氏又以謀逆伏誅。謂其嘗以邪言怵鎬王永中覬覦非望，故黃華私幸其母為萱草而未為「金鳳掣去也」。「金鳳」喻指李妃。參見註十八。

〈獄中見燕〉：「笑我迂疏觸禍機，嗟君底事入圜扉，落花吹濕東風雨，何處茅簷不可飛。」深悔自以迂疏竟捲入政爭惡鬥之中而入獄。

〈被責南歸至中山—丙申春〉：「短轅長路兀呻吟，行李遲遲日益南，親老家貧官職重，恩多責薄淚痕深，向人柳色渾相識，著雨花枝半不禁，回首孤稜雲氣隔，六年侍從小臣心。」金毓黻編〈黃華年譜〉，按語謂：「〈被責南歸至中山〉詩註云『丙申春』，大定十六年丙申先生甫登第，未聞有被責之事，此當為承安元年丙辰。先生正於是春被責，蓋誤以『辰』作『申』耳。且詩云：『六年侍從小臣心』，先生以明昌元年膺薦，至是正為六年。」前註九十、九十一已說明黃華任書畫局都監是明昌二年，完顏守貞推薦黃華則為明昌元年十二月。金氏改「丙申」為「丙辰」甚是。

〈贈益公和尚還超山〉:「平沙漠漠雁翩翩，風弄菰蒲水拍天，短艇得魚撐月去，一聲魚笛破寒煙。」據《汾州府志》:「百福寺在平遙縣東南四十里，金時釋益公名志益，得法蒙山雲和尚。學士王庭筠子端閒居與雲和尚友，因見益公，益公歸晉過庭筠，庭筠贈以詩，承安元年棲此。」詩見《汾州府志》三十三〈藝文〉。又《山西通志》卷二二六〈藝文〉。由以上記載知黃華於承安元年確曾至晉並贈詩益公和尚，又有〈題南山友雲亭〉詩，即是以雲和尚為友。據汾陽市博物館王仲彰先生寄來黃華詩刻拓片照片，並劉守章先生撰文〈王庭筠的行書七絕詩石〉，認為黃華詩刻在汾州者最早，今存黃華山之詩刻較晚。河南林州博物館則以今存林州博物館者為最早，應是指孔廟黃華詩石刻，其中之一是明代馬卿取山西刻本補之者，見李見荃編《林縣志》卷十四〈金石上〉。見該館前副館長張增午〈金王庭筠與「黃華山居詩碑」〉一九八〇年《文物》第六期。

〈題南山友雲亭〉:「朝遊南山南，暮遊北山北，所以兩山雲，盡與師相識。師自出山去，雲亦出山飛，兩人渺何許，矯首送雲歸。雲歸人未歸，小亭無恙否?向來有奇姿，無庸變蒼狗，雲兮淡而貞，載與尋宿盟，論交需耐久，持贈近無情。清風動亭側，明月生空碧，嘉時為招呼，相與成三益。」

承安二年丁巳（西元一一九七年）四十七歲

路鐸為翰林修撰，……章宗問董師中，張萬公優劣。鐸奏師中附胥持國以進，趙樞、張復亨、張嘉貞皆出持國門下，嘉珍復趨走襄之門。持國不可復用，若再相，必亂綱紀。章宗曰：「朕豈復相此人，但遷官二階使致仕，何為不可。」持國黨聞之，怒愈甚。八月，參知政事董師中等罷。右丞相胥持國致仕，九月辛酉，以胥持國為樞密副使，權參知政事行省於北京一百一十七。

〈開化寺詩〉：「一別禪關二十秋，人非物是叵重遊，雲迷鶴徑瀛洲遠，雨歇祇園海氣收，黃華亂飛山覺瘦，紅塵不到境偏幽，同來仙侶宜乘輿，高步西岩最上頭。」開化寺在蒙山，《太原縣志》卷四〈古蹟〉頁十四有「開化寺〈雪峰道行碑〉在蒙山」。同書卷二〈山川〉頁七，「蒙山在縣西北十里，南連太山，最高名蒙山砦。」故黃華詩云：「高步西岩最上頭。」此詩金毓黻編《黃華集》未收。

一百一十七《金史》〈章宗本紀〉卷一二九、〈佞幸傳胥持國傳〉卷一〇〇、〈路鐸傳〉，在胥持國與馮璧、李純甫登進士第，李純甫後為黃華作〈故人外傳〉，又有〈哭黃華〉詩，馮璧也有〈挽黃華詩〉，今只存佚句[一百一十八]。

黃華降授鄭州防禦判官[一百一十九]。

六月戊申，黃華父澄州刺史王遵古調任翰林直學士，仍敕無與撰述，入直則奏聞，或霖雨免入直。以遵古年老，且嘗侍講讀。遵古與夫人逝世，庭筠哀慟逾常，幾至不起，後作〈過超化寺詩〉[一百二十]

完顏守貞等宗室大臣的政爭中，因為趙秉文的上書而挑明了衝突，且更形尖銳激烈，但胥持國僅八月間短暫去職，九月間又見重用。

一百一十八 馮璧傳在《金史》卷一一〇，李純甫傳在卷一二六，參見註十八，註六十三。

一百一十九 鄭州屬於金南京路，戶四萬五千六百五十七，有七縣。防禦州判官正八品，掌簽判州事，專掌通檢推排簿籍，其俸給據《金史》〈百官志〉為「錢粟一十五貫，石麴米麥各一稱石，衣絹各六匹，棉廿兩。職田四頃。」相較於官翰林修撰從六品的「錢粟廿貫，石麴米麥三稱石，絹八匹，棉卅兩，公田六頃。」職稱俸給都降低減少了。工作性質則又回到他初仕恩州的時候一樣。

承安三年戊午（西元一一九八年）四十八歲

一百二十　據《金史》〈章宗本紀〉，王遵古曾任太子司經，故曰「嘗侍講讀」。〈黃華墓碑〉云：「承安初丁內外艱，哀毀骨立，幾至不起。」金編〈年譜〉按語云：「（黃華）先生應於是年春或翌年春丁艱去職。」然而〈章宗本紀〉已明言遵古於六月戊申調任翰林直學士，故其去世應在下半年。參見註四與大定二十一年譜文。

前註七十一已說明《寰宇訪碑錄》卷十頁二十一著錄：「〈過超化寺詩〉王庭筠撰行書，承安二年河南密縣。」詩云：「隔竹微聞鐘磬音，牆頭修綠冷陰陰，山迎初日花枝靚，寺裏清潭塔影深，吾道蕭條三已仕，此行衰病獨登臨，簡書催得匆匆去，暗記風煙擬夢尋。」所謂「吾道蕭條三已仕」應是指恩州秩滿辭官退隱、因趙秉文案被杖下獄解職、以及父母雙亡，丁艱去職，共三次。〈超化寺詩碑〉在《寰宇訪碑錄》中，清嘉慶二十二年《密縣志》也摘錄此詩。又金編〈黃華年譜〉據《河南通志》、《開封府志》，密縣超化寺在縣南十五里，隋開皇二年建，宋元遊覽名區，完碑尚有存者，蓋先生謫官鄭州時過此題詩，但二〇〇一年河南新密市文物管理所函告未見此石刻。密縣在鄭州西南十六里，《元遺山詩集箋註》卷十一也有〈超化寺詩〉，清施國祁註即引《中州集》黃華〈超化寺詩〉。

三月，「敕隨處盜賊毋以強為竊，以多為少，以有為無，嘯聚卅人以上奏聞，違者杖百。」金之治民，仍頗嚴密。

四月，（章宗）諭御史台曰：「隨朝大小官雖有才能，率多苟簡，朕甚惡之。其察舉以聞。」右宣徽使張汝方以漏泄庭議，削官兩階[一百二十一]。

承安四年己未（西元一一九九年）四十九歲

淑妃李氏有寵用事，帝意惑之，欲立為后，大臣多不可，御史宗端修上書論之，帝怒。御史大夫張暐削一官，侍御史路鐸削兩官，端修杖七十，以贖論。淑妃竟進封元妃[一百二十二]。

[一百二十一] 以上引文並見〈章宗本紀〉，明昌三年黃華曾與舅父張汝方品第法書名畫，見前註九十一。

[一百二十二] 《金史》卷六十四〈后妃下〉，又〈章宗本紀〉。八月，宗端修上書言事，宰相惡之，坐以不經台官，直進奏帖，准上書不以實，削一官，罷職，杖七十。路鐸亦坐奏事不實，兩官皆解職。頃之，起為泰定軍節度副使。章宗謂宰臣曰：「凡言事者，議及朕躬亦無

安州軍事判官劉常言諸按察司體訪不實，輒加糾劾者，從故出入人罪，論若事涉私曲，各從本法[一百二十三]。

四月，黃華撰並書文刻石〈涿州重修蜀先主廟碑〉，自題「前鄭州防禦判官王庭筠撰書篆」，時黃華丁憂去職，故云。元郝經（一二二三—一二七五年）為庭筠此文作長詩，盛讚其論議文采，歌謠慷慨，風流儒雅，冠於當代。稱之為「漢魏以來無此作。」（見《陵川集》卷九）黃華此文暢論愛民、民本的仁政哲學，而有「仁者不必成功，成功者不必仁」之句，指出政治的理想和政治的現實不一定是一致的。最後的

妨，語及宰相，間有憎嫌，何以得進？」章宗寵信淑妃李師兒，為其晉升元妃，不惜杖擊大臣。而所題女史箴：「歡不可以黷，寵不可以專……敢告庶姬。」見本書第十頁。正可以看出他雖曾想努力做個好皇帝，卻又因內寵佞幸，外忌宗室大臣之賢良正直者，金代自章宗後即由盛轉衰。

[一百二十三] 見〈章宗本紀〉，由此可以看出章宗朝常有以司法為政治鬥爭的工具。

送神歌，譴責盜取盜守天下者，而蜀先主則因愛民而能陟配上帝。

黃華起復應奉翰林文字[一百二十四]。

[一百二十四] 此碑金拓本在上海博物館，一九七八年刊印。見本書第五頁圖。此文可看出庭筠的政治哲學，故錄於後。碑石原在河北涿縣樓桑村，涿縣是劉備的老家，縣人立廟祀奉。明正德間重修之先主廟於文革期間被毀，一九九八年再建新廟。筆者於一九九九年七月赴涿縣樓桑村親訪，新建廟宇已改稱三義宮。據《金史》〈本傳〉與元撰〈墓碑〉，黃華於是年起復應奉翰林文字。

涿州重修蜀先主廟碑

仁者未必成功，成功者未必仁。仁者之心，以仁仁天下，不仁者之心，以仁濟其私。故善論人者，論其心之何如，而成敗不與，以仁濟其私者，發於其言，見於其事，亦仁也，蓋竊仁以欺天下。夫竊仁者是有大不仁根著於心，然竊仁易窮也，而根著於心者卒不可掩。天下之人莫不腹詈 臆唾，雖一時成功，旋與草木同腐矣。仁者之心，不以其身其家，而以天下，故天下之人亦相與謳歌戴仰，願以為吾君。雖生無成功，天下之人莫不歎息，至後世猶喜稱道，精爽在天，能推其仁心，用之不已，施之不竭。

呼吸而雨雲，咄嗟而風霆，咫尺萬里，朝夕千載，此理之自然，無足怪者。先主仁人也，當陽之役，不以身而以民，永安之命，不以家而以賢。雖不能如其言，要之其心如是而已。有厚愛天下之心，必饗天下之報。至今天下之人猶歎息其無成，而喜稱道之。涿之人又祀而奉之，宜哉。涿，先主之故家也。廟距州西南十里，而遠庭有石，乃刺史婁君迺重修記，唐乾寧四年也，則血食於此舊矣。歲久屋老，纔庇風雨。承安二年夏四月，里民始議增葺。於是富者以資，巧者以藝，少者走以服其勞，老者坐以董其功。稍完治中堂，新作門屏，又作兩廡。配祀元臣諸葛孔明、關雲長、法孝直在東，龐士元、張益德、簡憲和在西。既成，具興廢歲月，乞文於庭筠，將以刻諸石。庭筠曰：「五季兵火之餘，室廬焚蕩殆盡，而廟貌巋然獨存，悍夫暴客過堂下，斂兵肅踞，不敢犯，則其仁之入民也深矣。大哉仁乎，蘊之於心，充於天地，被於萬物，蓋有不與死而俱亡者。幽而為神，其遺澤殘烈，匃及天下後世，以達其生平未厭之心必矣，豈獨私乎一鄉哉。祠而奉之者，特其鄉人之情耳。庭筠既書其事，復作歌遺之，使迎送神，佐其鼓舞以樂之云。先主建安二十六年即皇帝位，沒謚曰昭烈，若夫虛名末飾，非其心也。唐石題曰蜀主廟，今仍之。其辭曰舜禹不可作兮古猷日潰，盜取盜守兮恬不為怪，仁人起兮力砭其廢，志天下兮豈獨為漢計，大統未一兮時已逝，奄為

承安五年庚申（西元一二〇〇年）五十歲

黃華因舅父張汝方之命，作〈香林館記〉。[一百二十五] 文中可看出黃華對地

神明兮陟配上帝。何紓我憂兮仁及異世。彼操丕兮死為妖彗，握長鋏兮載芟載劇，燕山之陲兮范水之裔，平疇如砥兮惟神之豐沛。鬱童童兮羽葆蓋，悵離樹兮今安在，記兒時之舊事兮想亦為之一慨。神之去來兮蒼虬翠馱，粲華裾兮鏘鳴玉，佩緬瑟而吹篇兮，紛群音之繁會。牲肥酒香兮神其飫醉，來雲度帝兮回風滿旆。將而送兮百拜，民不忘兮遺愛。驅螟蝗兮疫癘，時雨暘兮屢歲，俾富康兮耆艾，民德神兮事之無替。

[一百二十五] 承安四年張汝方出守沂州，致書黃華，命其作〈香林館記〉，該館是張氏在沂州建造的。黃華文中於張氏之為政與學術藝文揄揚甚多，稱其書畫圖美似晉人。同時從此文也可以看出庭筠對地方行政的理想。參看前（註九十），又承安三年四月庚子張汝方削官兩階外放。見註一二一。

香林館記

承安四年春二月，上以右宣徽使張公出守沂州。明年，公以書抵庭筠曰：「吾下車奉宣詔條夕惕，不敢暇逸。逮今州民始孚，僚屬一日謂吾曰：『民則安矣，公亦勤矣，

方行政的理想。

盍謀所以燕息者。』於是築香林館。館在思賢堂之東南，環階植青梅、緗梅、臘梅數十株，開時花氣宜人，故以名焉。旁有壞垣，崇卑不齊，乃礲石絡以蔓草，蒼然如幽山。斫竹開徑，回繚蔽翳，地纔數畝，行者跬步相失，疑其無窮也。南亭曰雙清，東庵曰香界。夫為是者，非徒燕息而已，蓋將以致思於其中。人之思出於心，心為俗物所敗，則亂，故治心者先去其敗之之物，然後安。既安而思，則思之精。吾退食自公，隱几孤坐，每閱書至酉。耳目之所接集者，乃林風竹月耳。無一物相敗，吾心甚安。乃益思所以事君與夫治身、治家、治民。凡有為者，庶幾乎無愧焉。僚屬初憫吾勤，而不知重吾勸也。爾當以此意為之記。」庭筠復書謝曰：「公之治沂也，馭民寬，馭吏嚴。橋梁修，學校舉，野無廢田，庭無留訟，其為政播於人者如此。政隙游戲翰墨詩句，高遠似唐人，書畫圖美似晉人。豈特似之，真得其意焉。其游藝散落於人者如此，乃曰坐香林，思而得之者歟。則其事君與夫治身治家治民之道，可觸類而知。異時端委廟堂，以紹父兄，發為勳業者，亦必思之審矣。賤子其拭目觀之。」庭筠既以此謝，且比為記，公名汝芳，字仲賢，太師南陽郡王之子，平章政事莘國公之弟，高才絕識，言議英發，風標玉映，氣壓一世云。

泰和元年辛酉（西元一二〇一年）五十一歲

黃華復為翰林修撰，扈從秋山，應制賦詩卅餘首，有諫戒之意，章宗甚嘉之。然而生活極困窘，至有飢寒之厄，仍不得不扮演宮廷詩人的角色[一百二十六]。又為兵部主事麻秉彝撰碑文，並刻石[一百二十七]。

[一百二十六] 元王惲於〈題黃華與李彥明太守一十三帖、彥明係公同年友也〉，言及黃華在官翰林修撰，扈從秋山時，生活窘迫的情形：「此數帖蓋公官翰林時書也，至有『飢寒之厄，危在旦夕』，又云：『收拾扈從秋山，貧家至甚不易』。令人披讀，可勝嘆惋。當明昌嚮文之世，公以文彩風流，照映一時，其窘迫乃爾，豈官散祿薄，未為道陵所知，不然貧乃士之常事，造物者庸玉汝於成耶？至於文翰之妙，如荊金和璞，自有定價，不待稱而後重也。」（《秋澗大全集》卷七十一）

明宋濂有〈題王庭筠秋山應制詩稿〉：「金源之制，每歲以正月如春水，九月幸秋山。五日之間，群臣一進起居表，其嚴慎如此之至者，非在於田游，將欲修兵政而紓民賦也。道陵如薊門，至秋山。河東王庭筠以翰林修撰扈從左右，應制賦詩卅餘篇，甚被獎眷。

蓋自大定以來，累洽重熙文物，聲名可擬漢唐。故其一時君臣遇合，天施地受，雨露無際，緣物引興，浹於太和，此乃金極盛之時。奈何盛極忘治，詒謀匪遠，僅一再傳，翠華遙遙南狩，而秋山者則已委於沙塵烽火之區。武元文烈諸孫雖欲求一乳兔而射之，尚何可得耶？觀庭筠之詩而感慨係之矣。自當時言之，孰不效上林羽獵以侈大槃觀，而庭筠乃能以秋山不合圍為風，則庭筠者亦良士也哉。此卷庭筠所具之稿惟十四首，而逸其大半。詩序中所謂九日，正泰和元年九日丙辰。然道陵以是月七日甲寅發京師，二十九日丙子至自秋山，道途所歷凡廿有三日。其辛香林、平頂山、溫泉等什，皆可以次而推。至若牡丹、酴醾、松影之詩，則不知作於何時。按庭筠以明昌三年供奉翰林，五年八月遷修撰，未幾謫鄭州防禦判官，承安四年復起為應奉翰林文字，泰和改元又轉修撰，明年遂亡，壽甫四十七爾。詩既題曰奉旨而作，雖不能必於何年，其決在禁林之日矣。按春水秋山初無定處，洪皓「《續松漠紀聞》謂去國數百里，逐水草而居處也。」（《宋學士全集》卷十二）。宋濂這一段長跋，是對他所眼見的庭筠晚年應制詩與書法的一些記錄與討論，只是對其生年依據《金史》材料，以黃華卒年四十七歲有誤爾。

劉祁《歸潛志》卷七記「章宗時王狀元澤在翰林，會宋使進枇杷子，上索詩。澤奏：『小臣不識枇杷子。』惟王庭筠詩成，上喜之。」扈從秋山，應制賦詩，和為宋人所進枇杷

泰和二年壬戌（西元一二〇二年）五十二歲卒

十月十日，王庭筠卒於京師。家貧無以為葬，章宗命有司賻錢八十萬以給喪事。且求其生平詩文藏之祕閣。又以御製詩賜其家，其引云：『王遵古，朕之故人也。乃子庭筠復以才選，直禁林者首尾十年。今茲云亡，玉堂東觀，無復斯人矣。』章宗再三讀黃華的詩文，十分感傷。而章宗詩有「天材超邁，無慚琬琰」的句子。既以超邁的天才稱黃華，他對於黃華出仕所受的委屈，應是相當惋惜後悔罷。

子賦詩的記載，都可看出黃華不得不扮演宮廷詩人的角色。

一百二十七 麻秉彝為皇統九年進士，據《蒲州府志》卷十二〈人物〉：「秉彝為政主仁，濟以強明，故所涖人畏且愛，有《貽溪集》廿卷。」秉彝逝於大定十八年，年四十九，其碑文刻石應是其後人請黃華撰文刻石者。墓在山西臨晉縣南六十里，虞鄉縣東七里吳閻村。二〇〇一年函詢山西虞鄉縣文物館，未得覆函。

黃華官止承務郎緋衣銀魚。夫人張氏為太師張浩女，與庭筠為表兄妹，子男三人：萬安、萬孫、萬吉，皆早卒。女三人，長曰從淨，幼為女官，父歿後以能詩蒙章宗召見，特加敬異。次曰琳秀，入侍掖庭，季女幼在室。黃華既無子，以弟庭掞之次子萬慶為嗣，後以蔭補官，至行尚書省左右司郎中。文章字畫，能世其家。到元代初期，仍為士人所重。且於元憲宗三年（一二五三年）夏六月請元好問（一一九〇—一二五七年）為黃華寫墓志碑銘。元氏為一代文宗，他為黃華寫的墓誌銘提供了許多珍貴的資料。[一百二十八]

黃華晚年曾做〈殘菊〉詩，詩已佚，其中有兩句「幽花寂寞無多子，瓣與黃蜂實蜜脾」。庭筠號黃華，「黃華」即「黃花」，故〈殘菊〉即「殘

[一百二十八] 見《金史》卷一二六列傳第六十四〈文藝下〉略同。此譜作「萬慶」，不作曼慶，是根據〈王黃華墓碑〉，參見前言註七。

年的自己」。一朵寂寞的幽花，既沒有「多子」，就連花瓣也被蜜蜂吃了。「花瓣」似隱喻兩位入宮的女兒。[一百二十九]

黃華卒後，路鐸〈王子端挽辭〉云：「才名如此不償窮，再入承明一病翁，白髮光陰文字裡，黃華林麓畫圖中，謫仙猶想屋樑月，荊產空懷松下風，聊應世緣緣故在，會看歸鶴語遼東。」[一百三十]馮璧〈挽黃華詩〉僅於〈黃華墓碑〉內存佚句：「詩名摩詰畫絕世，人

一百二十九 《全金詩》卷十六有王內翰詩讖：「王子端內翰泰和中賦〈殘菊〉云：『幽花寂寞無多子，瓣與黃蜂實蜜脾。』蓋絕筆也，王勉道作挽詩，故有『幽花絕筆更傷神』之句。」黃華於泰和二年逝世，〈殘菊〉既是泰和中作，當可稱為絕筆。庭筠自號黃華，即是以東籬之「菊」為自我指涉。元好問《續夷堅志》言：「馬光塵畫—馬資深之子十許歲畫山水有遠意，甫成童而卒，王子端內翰題其畫云：『珠璧佳城下，丹青敗槁間，殘年兩行淚，絕筆數重山。』」黃華感傷「甫成童而卒」的馬光塵，殆亦在殘年傷痛自己早逝的三個兒子。

一百三十 《中州集卷四》。

品右軍書入神。」

李純甫〈哭黃華〉：「士價五羊皮，人生黍一炊，蓋棺那可忍，挂劍不勝悲，向上誰曾到，而今渠得知，侍臣傷立本，老姥怒義之，作病無如酒，窮愁正坐詩，中郎猶有女，少傅竟無兒，散落真行帖，飄零騷雅辭，儒林正憔悴，未敢哭吾私。」一百三十一 全詩歷數黃華人生中的悲劇。純甫又有〈子端山水同裕之賦〉：「遼鶴歸來萬事空，人間無地著詩翁，只留海岳樓中景，長在經營慘淡中。」一百三十二 悼念人世間似已無地可容像黃華這樣的天才詩人與藝術家，而所留存者只是他的藝術作品。純甫另有〈故人外傳〉寫黃華，而不知作於何時。見引於《金史》〈文藝傳〉與《中州集》卷三〈黃華王先生庭筠〉傳中：「子端世家子，風

一百三十一 《中州集卷四》。
一百三十二 《中州集卷四》。

流蘊藉，冠冕一時。為人眉目如畫，善談笑，俯仰可觀，外視若簡貴，人初不敢與接，一見之後，和氣津津，溢於衡宇間，又其折節下士，如恐不及。茍有可取，極口稱道之，故人人恨相見之晚也。」元好問的〈王子端內翰山水同屏山賦〉則稱「遼海東南天一柱，胸中誰比玉崢嶸。」屏山即李純甫。元氏在〈黃華墓碑〉中悼惜黃華之早逝：「假公歲千，寧阨以窮，研摩於韓杜之後，宜愈困而愈工。」一百三十三 元好問另有〈題王黃華墨竹〉稱：「百年文章公主盟，屏山見之跽且擎。」一百三十四 元代耶律楚材（一一九〇—一二四四年）〈和黃華老人題獻陵吳氏成趣園詩〉稱讚黃華「雪溪詞翰輝星斗。」

一百三十三《遺山集卷十一》。

一百三十四《遺山集卷五》。

黃華傳世之作見存者〈幽竹枯槎圖〉後有許多題跋，如：

元趙孟頫（一二五四—一三二二）：「每觀黃華書畫，令人神氣爽然。此卷尤為卓絕。」

元鮮于樞（一二五九—一三〇一年）：「米元章書畫皆精，故並傳於世，元章之後，黃華先生一人而已。」

也學米書的元代史官袁桷（一二六七—一三二七年）在題黃華墨竹時，感慨其出仕之生不逢時：「黃華老人祖襄陽筆墨，至於平世不遇，卒寫其窮困流離，時使之然。豐祐之際，實不在米老下。」

元康里巙（一二九五—一三四五年）：「黃華先生人品書畫莫不精妙。」

元湯垕（一三二八年）說黃華「胸次磊落，下筆有神。」

明張寧（一四五四年進士）稱「金黃華先生王子端人品甚高，號為博雅。發於翰墨，往往為世所重。」

跋語

黃華先生之才學人品，是歷代以來所公認的，近世則訛誤頗多，此筆者所以不揣譾陋，撰成此稿，欲為先生拂塵除垢，還其應有的認知。

參考書目

一、史學

金史　藝文印書館
宋史　藝文印書館
後漢書　成文出版社
金朝史　中國社科院出版
金史研究　中央公論美術出版
金朝史研究　日本京都大學
宋遼金史　樂天書局
宋遼金時期民族史　四川民族出版社
劍橋中國遼西夏金元史　中國社科院譯並出版
宋遼夏金元文化志　上海人民出版社
中國文明史——宋遼金時期　河北教育出版社

金宋史論	香港中文大學
三朝北盟會編	大化書局
建炎以來繫年要錄	中華書局
歸潛志	中華書局
東北史論叢	正中書局
渤海國志長編	大中國書局
元朝簡史	福建人民出版社
廿二史劄記	世界書局
年鑑學派	揚智出版
金代政治制度	吉林大學出版
遼金史篇	遼寧大學出版
宋遼夏金經濟研析	武漢出版社
中國書院與傳統文化	湖南教育出版社
書院與中國文化	上海教育出版社
中國古代書院發展史	天津大學出版社

中國史學史綱　北京出版社
史研所集刊　中央研究院歷史語言研究所
山西通志　台灣商務印書館
山東通志　華文出版社
河南通志　台灣商務印書館
太原縣志　成文出版社
林州志　成文出版社
密縣志　成文出版社
中國年譜辭典　百家出版社

二、文學

黃華集——遼海叢書　藝文印書館
中州集　台灣商務
全金詩　台灣商務
金文雅　成文出版社

金文最	中華書局
滏水集	藝文印書館
遺山集	台灣商務
陵川集	台灣商務
金代文學研究（周惠泉）	文津書局
金代文學研究（胡傳志）	學海出版社
金代文學批評資料匯編	成文出版社
遼金元文學研究	北京商務
金代文學	貫雅文化
全遼金詩	山西古籍
金元明清詞選	人民文學
中國文學批評通史	上海古籍

三、藝術

圖繪寶鑑	台北商務

畫鑑——中國畫論類編	河洛出版社
山堂肆考	台北商務四庫全書
佩文齋書畫譜	台灣商務
寰宇訪碑錄	台灣商務
金石萃編	新文豐
潛研堂金石文跋尾	藝文印書館
河朔訪古新錄	新文豐
石刻史料新編	新文豐
北京圖書館藏中國歷代石刻拓本	中州古籍出版社
中國考古集成	中州古籍
中國古代書法經典	祥瑞出版
中華五千年文物集刊——法書	中華五千年文物集刊編委會
書道全集	大陸出版社
三希堂法帖	中國出版社
中國皇帝書畫選	北京華文

有鄰館精華　藤井齊成會
中國美術家名人辭典　上海人民出版社
中國歷代書畫家大觀　上海人民美術出版社
中國全史—宋遼金藝術史　上海人民出版社
中國繪畫史　雄獅美術，台北
中國繪畫通史　東大書局，台北
中國繪畫思想史　東大書局，台北
元代皇室書畫收藏史略　國立故宮博物院，台北
書史與書蹟　國立歷史博物館，台北
國寶浮沉錄　新中原出版社
中國書畫鑑賞學稿　蘭台出版社
元代書畫藻鑑與藝術市場　上海書店出版社

國家圖書館出版品預行編目

新編王庭筠年譜／李宗懂著. -- 一版.
臺北市：秀威資訊科技, 2005[民 94]
面；　　公分. -- 參考書目：面
ISBN 978-986-7614-92-6（平裝）
1. (金)王庭筠 - 年譜

782.956　　94000796

美學藝術類　AH0006

新編王庭筠年譜

作　　者 / 李宗懂
發 行 人 / 宋政坤
執行編輯 / 李坤城
圖文排版 / 張慧雯
封面設計 / 羅季芬
數位轉譯 / 徐真玉　沈裕閔
圖書銷售 / 林怡君
網路服務 / 徐國晉
出版印製 / 秀威資訊科技股份有限公司
台北市內湖區瑞光路 583 巷 25 號 1 樓
電話：02-2657-9211　　傳真：02-2657-9106
E-mail：service@showwe.com.tw
經 銷 商 / 紅螞蟻圖書有限公司
台北市內湖區舊宗路二段 121 巷 28、32 號 4 樓
電話：02-2795-3656　　傳真：02-2795-4100
http://www.e-redant.com

2006 年 7 月 BOD 再刷
定價：200 元

讀者回函卡

感謝您購買本書，為提升服務品質，請填妥以下資料，將讀者回函卡直接寄回或傳真本公司，收到您的寶貴意見後，我們會收藏記錄及檢討，謝謝！
如您需要了解本公司最新出版書目、購書優惠或企劃活動，歡迎您上網查詢或下載相關資料：http:// www.showwe.com.tw

您購買的書名：____________________

出生日期：________年________月________日

學歷：□高中（含）以下　□大專　□研究所（含）以上

職業：□製造業　□金融業　□資訊業　□軍警　□傳播業　□自由業
□服務業　□公務員　□教職　□學生　□家管　□其它_____

購書地點：□網路書店　□實體書店　□書展　□郵購　□贈閱　□其他

您從何得知本書的消息？

□網路書店　□實體書店　□網路搜尋　□電子報　□書訊　□雜誌
□傳播媒體　□親友推薦　□網站推薦　□部落格　□其他__________

您對本書的評價：（請填代號　1.非常滿意　2.滿意　3.尚可　4.再改進）

封面設計____　版面編排____　內容____　文／譯筆____　價格____

讀完書後您覺得：

□很有收穫　□有收穫　□收穫不多　□沒收穫

對我們的建議：____________________

請貼
郵票

11466
台北市內湖區瑞光路 76 巷 65 號 1 樓

秀威資訊科技股份有限公司 收

BOD 數位出版事業部

（請沿線對折寄回，謝謝！）

姓　　名：＿＿＿＿＿＿＿＿　年齡：＿＿＿＿　性別：□女　□男

郵遞區號：□□□□□

地　　址：＿＿＿＿＿＿＿＿＿＿＿＿＿＿＿＿

聯絡電話：(日)＿＿＿＿＿＿＿＿(夜)＿＿＿＿＿＿＿＿

E-mail：＿＿＿＿＿＿＿＿＿＿＿＿＿＿＿＿